메이드 인 코리아
Season 1 대본집

메이드 인 코리아
Season 1 대본집

극본　각색
박은교　우민호
박준석　김진석

MUZE

차례

제1화 비즈니스맨

007

제2화 개의 힘

063

제3화 금지의 시대

119

제4화 아버지의 이름으로

167

제5화 피의 전쟁

215

제6화 메이드 인 코리아

265

비하인드 컷

319

일러두기

· 이 대본집은 최종 극본에 기반했습니다. 완성된 작품과는 일부 내용이 다를 수 있습니다.

· 대사 속 입말과 줄임말, 통속어, 사투리 등은 현장감을 위해 작가의 표기를 그대로 살렸습니다.

· 본문에 수록된 이미지는 모두 오리지널 현장 스틸입니다.

용어 정리

· (NA): 화면 밖에서 등장인물의 목소리로 진행되는 해설. 내레이션(Narration).

· (소리): 화면에 보이지 않는 인물의 대사. 오프스크린(Off-Screen).

· (점프): 시간이나 공간을 건너뛰어 장면을 전환하는 기법.

· (인서트): 씬 중간에 특정 상황을 강조하기 위해 삽입한 화면.

제1화
비즈니스맨

제1화
비즈니스맨

1. 오프닝: 시대 배경 자막

1945년, 제2차 세계대전이 막을 내리며 한국은 일본으로부터 해방된다.

하지만 본격적으로 시작된 미국, 소련의 냉전과 자국 내 이념 갈등으로 인해 한국은 남북 분단과 참혹한 내전을 겪게 된다.

3년간의 전쟁을 치른 한국이 폐허로 변한 국토를 재건하는 과정에서 '반공'은 남한 독재 정권의 효율적인 통치 수단으로 자리 잡았다.

한편, 같은 시기의 일본은 빠른 속도로 산업 기반을 회복하며 경제 부흥의 발판을 다지기 시작한다.

그리고 1965년, 일찍이 군사정변으로 나라를 장악한 남한의 군사정권은 국내의 거센 반대 여론과 정치적 갈등 속에서도 일본과 수교를 맺는다.

2. 도쿄, 사무실 / 저녁

창밖으로 도쿄 시내의 전경이 보이면, 기차가 굉음을 울리며 지나간다.

(자막)

1970년 일본 도쿄

007가방 속 내용물을 확인하는 사내. 마주 앉아 그 모습을 느긋하게 지켜보는 백기태.
몸에 완벽히 들어맞는 양복과 광채가 번뜩이는 구두가 유독 눈에 띈다.

사내

(일어)

내일 첫 비행기를 타고 후쿠오카로 가시오. 후쿠오카에 도착하면 사람이 기다리고 있을 거요.

明日、最初の飛行機に乗って福岡に
行ってください。
福岡に着いたら人が
待っているはずです。

기태

(일어)

내가 만나야 할 사람이 누구입니까?

誰が待っていますか？

사내

(일어)

이케다 유지를 만나서 가방을 넘기시오.

イケダユジに会って鞄を渡してください。

기태

(일어)

이케다 유지?

イケダユジ？

사내

(일어)

당신의 비즈니스 파트너.
이케다 님의 눈 밖에 나는 순간 거래는 끝이오.

あなたのビジネスパートナー。
イケダさんの気を損ねたら、
その瞬間取引は終わりです。

OO7가방을 가지고 밖으로 나가는 기태.

제1화 비즈니스맨

3. JAY351, 일반 객실 / 조종실 / 오전

통로 쪽 좌석에 앉는 기태. 들고 있던 OO7가
방을 좌석 위 짐칸에 넣는다.

기태(NA)
내 이름은 마츠다 켄지. 사업차 후쿠오카로
향하는 비즈니스맨이다.
내 임무는 이 가방을 이케다 유지에게
무사히 전달하는 것이다.

옆자리에 앉은 일본인 소년 사이토, 어딘가
불편한 듯 잔뜩 굳어 있는 얼굴이다.

사이토母
(일어)

속이 안 좋니? 비행기가 무서워서 그래?
具合悪いの? 飛行機が怖いから?

사이토
(일어)

무섭지 않아요. 그냥 처음이라서…

怖くない！ただ、初めてだから…

사이토母
(일어)

비행기 처음 타면 다 그래.
이륙할 땐 귀가 아플 수도 있고.
初めて飛行機だったのに、みんな
そうだよ。離陸する時、耳がちょっと
痛くなるかもしれない。

오가는 대화가 들린 기태, 불쑥 소년에게 뭔
가를 내민다. 차가운 표정과 어울리지 않는
알록달록한 풍선껌이다.

기태
(일어)

껌을 씹으면 좀 나을 거야.
ガムを噛んだら少しましだよ。

사이토母
(일어)

감사하다고 해야지?
ありがとうは?

사이토
(일어)

감사합니다.
ありがとうございます。

사이토 母

(일어)

잘됐네.

良かったね。

머뭇대는 것도 잠시, 껌을 받아 쏙 입에 넣는 사이토. 사이토 엄마가 기태에게 고맙다는 눈인사를 건넨다.

기내방송(소리)

(일어)

승객 여러분, 반갑습니다.

乗客の皆様、おはようございます。

(점프)

관제탑과 이륙 허가 교신을 주고받는 기장과 부기장.

부기장

(영어)

여기는 재팬 에어웨이스 351, 활주로 33에서 이륙 허가되었다.

Japan Airways three five one, cleared for takeoff Runway 33.

기장

(영어)

준비 완료.

Stabilized.

(점프)

비행기가 곧 이륙한다는 안내 방송이 반복되는데, 수상쩍은 사내들이 기태의 눈에 들어온다.

기내방송(소리)

(일어)

8시 50분, 후쿠오카 이타즈케 공항에 도착 예정입니다.
곧 이륙하오니, 승객 여러분께서는 자리에 앉아 안전벨트를 착용하여주십시오.
곧 이륙하오니, 승객 여러분께서는 자리에 앉아 안전벨트를 착용하여…
8時50分頃、福岡板付空港に 到着予定でございます。
まもなく離陸致しますので、 乗客の皆様はお座席にお座りになり シートベルトをお締めください。
まもなく離陸致しますので、乗客の皆様は お座席にお座りになりシートベルトを…

(점프)

기장과 부기장, 비행기를 이륙시킨다.

기장

(영어)

이륙 추진 설정.

Set takeoff thrust.

부기장

(영어)

이륙 추진 설정. 설정 완료.

Set takeoff thrust. Thrust set.

기장

(영어)

확인.

Check.

4. JAY351, 일반 객실 / 오전

이륙하는 비행기 안에서, 창밖을 보는 기태.

5. 하네다 관제소 / 오전

이륙하는 비행기를 보는 하네다 공항 관제사.

기장

(영어)

재팬 에어웨이스 351 하네다 출발.
도쿄 관제소 134.1과 연락하십시오.
좋은 하루 되세요.

Japan Airways three five one.

Haneda departure.

Contact Tokyo control one three four

point one. Good day.

6. 시간 경과. JAY351, 일반 객실 / 조종실 / 오전

화장실 문을 열어젖히며 밖으로 나오는 기태.
문밖에서 기다리던 사내 둘과 마주친다.
큼지막한 가방을 메고, 화장실 안으로 들어가는 사내들.
비좁은 화장실에 2명이 같이 들어가는 게 이상한 기태. 사내들을 주시하다, 좌석으로 향한다.
좌석으로 돌아온 기태… 주변을 살피면, 어딘가 이상한 사내들이 곳곳에 보인다.

승무원

(일어)

음료 드시겠습니까?

お飲み物はいかがですか?

기태

(일어)

콜라 주세요.

コーラください。

승무원

(일어)

네.

はい。

기태

(일어)

고마워요.
ありがとう。

승무원
(일어)

잠시만요.
すみません。

승객들에게 음료와 간단한 스낵을 서비스하
는 승무원들.

승무원
(일어)

음료 드시겠습니까?
お飲み物はいかがですか?

음료와 스낵을 들고 조종실로 향하는 승무원.

승무원
(일어)

수고하십니다.
お疲れ様です。

조종실 앞에서 대기하면, 잠시 후 출입문이 열
리고, 부조종사가 음료와 스낵을 받아 든다.
동시에 승객들 사이에 앉아 있던 8명의 괴한
들, 칼과 총을 꺼내 들고 일어선다.
그들 중 2명은 사내를 따라 조종실로 내달리
고, 나머지는 뿔뿔이 흩어지며 승무원들과 승
객들을 총칼로 위협한다.

혁군파들
(일어)

전부 움직이지 마! 움직이면 죽는다.
움직이지 마!
全員動くな！動いたら殺す。
動くな！

부두목
(일어)

움직이지 마!
動くなって言ってるだろ！

황급히 조종실 출입문을 닫으려는 부조종사
와 항공기관사.
그들과 힘겨루기하며 조종실로 들어가려는
괴한들.

기장
(영어)

하이재킹 하이재킹, 여기는 재팬 에어…
Mayday mayday, Hijacking hijacking,
this is Japan Air…

사태를 파악한 조종사가 황급히 관제소와 무
전을 주고받는데, 조종사의 머리에 총구를 들
이대고 조종실을 장악하는 사내. 혁군파 리
더, 야마다 이치(남, 30대).

야마다
(일어)

그만둬! 우리는 공산주의자 동맹
혁군파다!
やめろ！我々は共産主義者同盟、
革軍派だ！

충격과 공포로 순식간에 아수라장이 되는
기내.

승객1

(일어)

제발 살려주세요.
どうか助けて下さい。すみません。

혁군파1

(일어)

닥치고 머리 숙여!
黙って頭を下げろ！

혁군파3

(일어)

머리 숙여!
下げろ！

야마다

(일어)

우리는… 북조선으로 갈 것이다.
我々は…北朝鮮へ行く。

옆자리의 소년 사이토가 덜덜 떨며 엄마를 쳐
다본다.

사이토

(일어)

엄마… 우리 이제 죽는 거예요…?
お母さん… 僕たち死んじゃうの…？

아들을 달래려 하지만, 정작 본인도 새파랗게
겁에 질린 사이토의 엄마.
불안한 나머지, 사이토가 옆자리에 앉은 기태
의 옷자락을 붙잡는다.
그 작은 손을 무심히 떼어내며, 소년을 다독이
는 기태.

기태

(일어)

괜찮아. 너랑 엄마는 무사히
여기서 나갈 수 있을 거야.
大丈夫。君とお母さんは無事に
ここから出られるよ。

기태가 시선을 돌리면, 퍼스트 클래스의 승객
들 역시 혁군파 일당에게 끌려와, 일반석으로
내몰린다.

(인서트)

자료화면. 도심에서 차량과 건물에 불을 지르
고, 붉은 깃발을 휘두르는 혁군파의 과격 시
위 장면들.

기태(NA)

승객과 승무원 138명을 태우고

도쿄 하네다 공항을 떠난 후쿠오카행
재팬 에어웨이스 351편, 일본 비행기가
공중에서 납치당했다.
일본 공산주의자 동맹의 극좌파들이
'혁명전쟁을 위한 군대'를 외치면서
만든 혁군파는,

(인서트)

자료화면. 혁군파들의 군사훈련 장면.

기태(NA)

북한에서 군사훈련을 받은 뒤 일본으로
돌아와, 혁명전쟁을 일으키겠다는
야심으로 민간 항공기를 탈취한 것이다.

7. 타이틀 시퀀스

음악과 함께 시작되는 타이틀 시퀀스.

"MADE IN KOREA"

8. 일본 운수성, 사무실 / 대신실 / 오전

(자막)

일본 운수성

"하네다 공항에서 운수성으로 긴급 보고, 여
객기 납치"가 적힌 팩스를 확인하고 놀라는
직원1.
황급히 사무실을 가로질러 걸어가면, 여기저
기서 긴박하게 울려대는 전화기들.

직원2

(일어)

상황 파악 중입니다만 알 수 있는 게
없습니다.
状況把握中ですが、まだわかってなくて。

직원3

(일어)

잠시만요. 사실 확인 중에 있습니다.
少々お待ちください。今、確認中なので。

직원4

(일어)

모두 전화 받지 마! 전화 받지 마!
끊어!! 끊어!!
みんな電話出るんじゃない！
電話に出るな！切れ！！切れ！！

(점프)

운수 대신 집무실에 모여 있는 일본 관료들.

직원1

(일어)

기장의 구조 신호를 끝으로 현재 모든
교신이 두절된 상황입니다.
機長の救助信号を最後に現在
すべての交信が途絶えた状況です。

대신

(일어)

그렇단 말이지. 그럼 이제 뭘 하면
되겠나?

そうか。ではこれから何をすれば
いいのかな？

차관

(일어)

음… 일단 내각에 보고해야 하지
않을까요?

一旦、官邸に報告した方が
よろしいのでは？

대신

(일어)

아, 그렇군. 일단 보고서를 작성합시다.

あ、なるほど。ではまず
報告書を作成しましょう。

(점프)

몇 시간 전, 하네다 공항.
비행기를 타러 가는 기태와, 어딘지 모르게 수
상쩍은 사내들…
커다란 가방을 들고 기태를 지나쳐 간다.

기태(NA)

**혁군파는 총과 칼을 잔뜩 챙겨 들고도,
문제없이 비행기에 올라탔다.**

(점프)

다시 집무실.

직원1

(일어)

경찰에 먼저 신고를 하는 건 어떨까요?

先に警察に通報するのは
いかがでしょうか？

대신

(일어)

그것도 맞는 말이지.
근데 도쿄와 후쿠오카 중에 어느 곳에
먼저 신고하는 게 좋을지
선례를 먼저 찾아봐야겠네.

それもその通りです。
しかし東京と福岡、どちらの警察に先に
通報をした方がいいのか、
前例を捜してみないとねえ。

기태(NA)

**비행기를 탈 때 아무런 보안 검색도
거치지 않던 시절이다. 하이재킹에
대응하는 매뉴얼?
그딴 게 있을 리 없지.**

차관

(일어)

어… 보고서는 총리실을 수신처로
작성하는 게 맞겠지요？

016

あの、報告書は総理宛に
作成しますがよろしいですよね?

대신

(일어)

아, 그 부분도 검토를 해야겠네. 좋은
지적이오. 진짜 하이재킹이 일어난 건가?
あ、それも検討しなきゃいけないですね。
いい指摘だ。
本当にハイジャックって起きたのか?

직원1

(일어)

네, 그렇습니다.
はい、確かです。

현실감이 느껴지지 않는지 우왕좌왕… 담배
연기만 연신 내뿜는 운수 대신.
차관은 깊은 한숨을 내쉬며 이마에 흥건한 땀
을 닦아낸다.

9. JAY351, 일반 객실 / 조종실 / 오전

덜컹! 쿠쿵! 흔들리는 기내에서 중심을 잡으
려 애쓰는 혁군파.
가뜩이나 초긴장 상태인 객실. 여기저기서 승
객들의 비명이 터져나온다.

혁군파1

(일어)

머리 숙여! 손 내리는 놈은 가만 안 둔다.
머리 숙여!
頭を下げろ!手を降ろす奴は
ただではおかない。頭を下げろ!

(점프)

삐삐삐… 각종 경고음이 울려대며, 긴박한 분
위기가 흐르는 조종실 내부.

기장

(영어)

난기류 발생.
Turbulence.

기관사

(일어)

스톨에 빠질 수도 있습니다.
ストールにはまるかもしれません。

부기장

(일어)

방향을 바꿀까요?
方向を変えましょうか?

야마다

(일어)

무슨 일이야?
どういうことだ?

017

기장

(일어)

기상 상태 악화로 기체가 불안정합니다.
빨리 조치를 취하지 않으면 비상착륙을
해야 할지도 몰라요.
気象情報の悪化で
機体が不安定なんです。
すぐに対応しないと緊急着陸をしなければ
ならなくなりますよ。

혁군파3

(일어)

어떻게든 해봐!
なんとかしろ！

(점프)

쿠쿵! 쿠쿠쿵! 또다시 요동치는 기체. 그사이,
날카로운 시선으로 상황을 주시하는 기태.

기태(NA)

하이재킹에 난기류까지, 총체적 난국인
상황 속에서 그나마 다행인 건, 기장
'혼다 쿠니히코'가 1만 시간이 넘는 비행
기록을 가진 베테랑 기장이라는 점이다.

(점프)

안정을 찾아가는 비행기.
진땀을 흘리는 기장, 부기장에게 슬쩍 눈빛을
보낸다.

부기장

(일어)

기체가 안정되고 있습니다.
機体が安定しました。

기장

(일어)

이 비행기는 국내선이라 평양까지
한 번에 갈 수 없습니다.
연료를 더 넣지 않으면 중간에
추락할 게 분명해요.
この飛行機は国内線なので
平壌まで一度に行けません。
燃料をもっと入れないと、
途中で墜落してしまいます。

부기장

(일어)

네. 기장님 말씀이 맞습니다.
はい、機長のおっしゃる通りです。

기장

(일어)

일단은 원래대로 이타즈케
공항에 착륙한 다음,
급유를 요청하는 게 어떻겠습니까?
まずは予定通り板付空港に着陸して
給油を要請したらどうですか?

10. 운수성, 대신실 / 오전

이타즈케로 비행기가 오고 있다고 보고하는
운수성 직원.

대신

(일어)

이타즈케로 오고 있다고?
板付にむかってる?

직원1

(일어)

예, 그렇습니다.
はい、そうです。

대신

(일어)

북한으로 가던 비행기가 왜
이타즈케로 옵니까?
北朝鮮に向かってる
飛行機がなんで板付に行くんだ?

차관

(일어)

그러게요. 일단 대비를 하시죠
そうですよね。
まぁひとまず対応しましょう。

대신

(일어)

무슨 대비?
何の対応?

11. 이타즈케 공항, 활주로 / 오전

끼이익… 끼긱… 쿠쿵!
엄청난 마찰음과 함께… JAY351, 이타즈케 공
항에 착륙한다.

(자막)

일본 후쿠오카 이타즈케 공항

기태(NA)

기장의 계획대로 비행기는 원래 목적지인
이타즈케 공항에 무사히 착륙했고,
승객들은 이 악몽이 어쩌면 곧 끝날지도
모른다는, 희망 비슷한 걸 잠시 품었다.

12. 운수성, 대신실 / 오전

카메라 플래시가 쉴 새 없이 터지는 회의실
안. 기자들이 운수성 대신을 에워싸고 질문을
퍼붓는다.

대신

(일어)

현재 아무것도 확인되지 않았습니다.
우선은 승객들의 안전이 최우선이고…
現在何も確認出来てません。
まず、乗客の安全を最優先で…

기자1

(일어)

비행기를 납치한 테러범은
모두 몇 명입니까?
飛行機をハイジャックした
テロリストは全部で何人ですか?

기자2

(일어)

승객 중에 사망하거나
다친 사람은 없습니까?
乗客の中で死亡者や怪我人はいませんか?

기자3

(일어)

마지막 교신은 언제였습니까?
最後の交信はいつでしたか?

기자4

(일어)

범인은 무장하고 있습니까?
犯人は武装していますか?

기자5

(일어)

승객은 모두 무사합니까?
乗客は全員無事なんですか?

대신

(일어)

그러니까, 일단 승객들의 안전을
최우선으로 생각하고 있습니다.
ですから、とりあえず乗客の安全を
最優先で考えております。

13. 이타즈케 공항 / 조종실 / 관제소 / 오전

야마다

(일어)

지금 당장 연료를 가득 채우고 활주로를
비우고 항공지도를 가지고 와라.
우리의 요구를 즉각 들어주지 않으면,
지금부터 승객을 한 명씩 처단하겠다.
いますぐ燃料を満タンにして滑走路を
開けて、航空地図を持って来い。
我々の要求に従わないのであれば、
今から乗客を一人ずつ殺害する。

활주로가 훤히 내려다보이는 관제소.
잔뜩 긴장한 표정의 관제사가 야마다와 교신
중이다.

14. 일본 운수성, 사무실 / 오전

대신실 안에서 기자들의 질문이 쏟아지는
한편,
사무실로 나와 전화로 보고를 받는 차관, 사색
이 된다.

차관

(일어)

연료를 가득 채우려면 얼마나 걸립니까?
燃料を満タンにするには
どのくらいかかりますか?

관제사

(일어)

평양까지라면, 사실 지금 있는 연료로도
비행이 가능합니다만…
平壤までなら、実は今ある燃料でも飛行
可能なのですが…

차관

(일어)

자네, 무슨 소릴 하는 거야?
그게 아니라, 협상을 하려면 최대한
시간을 끌어야지!
何言ってるんだ、君は? そうじゃない、
交渉をするには、できるだけ時間を
稼がないといかんと言ってるんだ！

15. 이타즈케 공항, 활주로 /
일반 객실 / 오전

백기를 단 일본 정부 인사가 탄 지프차가 비행
기 쪽으로 달려와 멈춘다.
비행기 측면 도어가 열리면, 승무원을 인질 삼
은 부두목이 나온다.

일정부

(일어)

쏘지 마십시오. 요청하신 항공지도를
가져왔습니다. 지도입니다.
撃たないでください。ご要望の航空地図を
お持ちしました。地図です。

일본 정부 인사, 승무원을 통해 황급히 지도를
건넨다.
한눈에 보기에도, 어느 책에 실린 한반도 지
도를 대충 복사한 조악한 지도.

부두목

(일어)

젠장, 지금 우릴 바보로 아나.
くそ！俺たちをバカにしてるのか?

일정부

(일어)

시간이 없다보니 급하게 준비하느라…
いや、時間がなくて急いで準備して…

부두목

(일어)

연료는 어떻게 됐어?
燃料はどうなった?

일정부

(일어)

지금 준비 중입니다만 시간을 좀 더…

今、準備してます。少し時間が…

부두목 눈에 비행기 뒤로 조심스럽게 움직이
는 전투기 한 대가 보인다.
비행기가 움직이지 못하게 뒤를 막는 전투기.

부두목

(일어)

한 시간에 한 명씩! 우리의 요구를
무시하면 반드시 죽인다.
1時間に一人ずつ！我々の要求を
無視すれば、必ず殺す。

부두목, 부하들에게 뭔가를 긴밀하게 지시하
고… 조종실로 향한다.

부두목

(일어)

가!
行け！

혁군파1

(일어)

네!
はい！

안경잡이인 혁군파2, 못마땅한 얼굴로 혁군
파1을 막아선다.

혁군파1

(일어)

한 놈만 끌어내서 죽여버려!
とりあえず一人だけ引きずり出せ！

혁군파2

(일어)

뭐 하는 거야? 야마다 님의 지시도 없이!
何やってるんだ？
山田さんの指示もなしに！

혁군파1

(일어)

부두목이 허락했어.
副リーダーが許可した。

혁군파2

(일어)

불필요한 희생은 지양하기로 했잖아.
승객들이 동요하면 통제하기 힘들어져.
不要な犠牲は控えることにしただろ。
乗客が動揺すると統制が難しくなる。

혁군파1

(일어)

그건 너처럼 대학물 먹고 약해빠진
놈들이나 걱정하는 거지.
뭐 하고 서 있어!
それはおまえのような大学出の
軟弱なやつらが心配する事だ。

何をつっ立ってるんだ！

혁군파2를 밀치고 결국 제일 앞쪽의 중년남
한 명을 덥석 끌어내는 혁군파.
잔뜩 겁먹은 중년남, 혁군파의 손을 뿌리치려
고 발악한다.

혁군파1

(일어)

너 이쪽으로 와!

お前こっち来い！

중년남

(일어)

자… 잠… 잠시만요.

や…や、やめてください。

혁군파1

(일어)

이쪽으로 와!

こっち来い！

중년남

(일어)

살려주세요.

助けて下さい。

혁군파1을 말리는 혁군파2.

혁군파2

(일어)

야마가타!

山形！

중년남

(일어)

살려주세요.

助けて下さい。

공포에 질린 중년남, 괴성을 지르며 내달린
다. 갑작스러운 중년남의 돌발 행동에 당황한
혁군파 일당.
중년남을 간신히 붙잡아, 바닥으로 내팽개친
다. 기태 앞으로 넘어지는 중년남.
퍽퍽! 쏟아지는 주먹질과 발길질. 여기저기서
승객들의 비명과 흐느낌이 터져나온다.
중년남 목에 칼을 겨누는 혁군파1.

혁군파1

(일어)

시끄러! 이 새끼 대신 죽고 싶어?

타카시, 죽여! 빨리 해!

うるせぇ！こいつの代わりに死にてぇか？

隆、殺れ！殺れぇ！

개중 가장 어린 까까머리가 중년남을 향해 일
본도를 높이 치켜든다.
날렵한 동작으로 까까머리의 목덜미를 조이
는 기태, 꼼짝달싹 못 하게 만든다.

혁군파1

(일어)

이 새끼 뭐야!

何だこいつは！

비명 소리에 고개를 돌리는 기태. 사이토와
사이토 엄마가 혁군파에게 인질로 잡혀 있다.
사이토 엄마를 칼로 위협하는 혁군파.

기태

(일어)

인질은 협상이 끝나기 전까진
소중하게 다뤄야 해.
인질의 목숨값이 곧 니들 목숨값이니까.
人質は交渉が終わるまでは
大事に扱うんだ。
人質の命が、おまえたちの命だからな。

까까머리를 바닥에 내팽개치는 기태, 달려드
는 혁군파5를 마저 제압한다.
놀라 섣불리 움직이지 못하는 혁군파들.

혁군파1

(일어)

누구야? 뭐 하는 새끼야?

誰だお前、何者だ？

기태

(일어)

너희들 대장한테 전해. 내가 좀 보자고.

お前たちのリーダーに伝えろ。
俺が会いたいと。

16. JAY351, 퍼스트 클래스 / 오전

야마다가 퍼스트 클래스로 들어서면, 기태가
가방을 들고 서 있다.
야마다는 놀랍도록 침착한 기태를 흥미롭게
관찰 중이다.

야마다

(일어)

네가 어떻게 우리한테 도움을
줄 수 있다는 거지?
あなたがどうやって
我々の役に立つと言うんだ？

기태

(일어)

우선 승객들 중 노인과 애들,
여자를 풀어줘.
まず乗客の中で老人と子供、
女を解放するんだ。

야마다

(일어)

우리가 왜?

何故だ？

기태

(일어)

니들이 원하는 건 혁명이잖아.
알다시피 혁명은 대중의 지지를
얻어내지 못하면 실패하게 돼 있어.
하지만 여자와 애들을 풀어주는
테러리스트는 대중과 언론의
호감을 사지.
니들이 먼저 선수를 치면 비난은
전부 정부로 향할 거야.
그다음부터는 니들이 무슨 짓을 하든
욕먹는 건 그쪽이지.
결국 정부는 이륙을 허가할 수밖에
없을 거야.
니들한테는 여전히 100명이 넘는
인질이 남아 있는 거고.
손해 보는 장사는 아니잖아?

君たちが望むのは革命じゃないか。
ご存知の通り、革命は大衆の支持を
得なければ失敗することになっている。
しかし、女、子供を解放するテロリストは
大衆とマスコミの好感を得る。
君たちが先手を打てば、
非難はすべて政府に向かうだろう。
その次からは君たちが何をしても、
反感を買うのは向こうだ。結局、
政府は離陸を許可せざるを得ないだろう。
君たちには依然として100人を超える
人質が残っているし。
損する商売ではないだろ?

야마다

(일어)

그다음엔?

その次は?

기태

(일어)

무사히 평양에 도착하면 나머지
승객과 승무원들을 비행기에 태워서
다시 일본으로 돌려보내.
그럼 언론은 니들을 비행기 납치범이
아니라 대범한 작전을 감행한 영웅으로
묘사할걸? 아마도?

無事、平壌に到着したら
残りの乗客と乗務員を飛行機に乗せてま
た日本に帰すんだ。
そうしたら、マスコミは
君たちをハイジャック犯ではなく、
大胆な作戦を敢行した
英雄と描写するだろう。おそらく?

야마다

(일어)

비행기를 그냥 돌려보내는 건
좀 곤란한데.
북한 쪽에도 뭔가 성의는 보여야
우릴 받아주지 않겠나?

飛行機をそのまま帰すのはマズイな。
北朝鮮の方にも何か誠意を見せてこそ
我々を受け入れてくれるのでは?

기태

(일어)

그건 내가 주지.

それは俺が渡そう。

딸칵! 기태가 들고 온 007가방을 연다. 가방 속에 빼곡하게 채워진 비닐백, 그리고 그 안에서 투명하게 빛을 발하는 히로뽕!

야마다

(일어)

이건…

これは…

부두목

(일어)

야마다 님.

山田さん。

기태

(일어)

말했잖아. 니들한테 도움이 될 거라고.
속는 셈 치고 나 한번 믿어봐.
내 말대로 하면 아무도 안 다치고
원하는 걸 얻을 수 있어.

言っただろ、お前たちの役に立つと。
騙されたと思って俺を一度信じてみろ。
言う通りにすれば、誰も怪我せずに
望む物を手に入れることができる。

야마다, 홀린 듯 히로뽕을 쳐다본다.

17. 이타즈케 공항, 활주로 / 퍼스트 클래스 / 오후

활주로를 내달리는 기자들과 의료진이 서둘러 비행기로 향한다.

기자

(일어)

어! 열렸다! 열렸다!!

おい！開いた！開いたぞ！！

덜컹! 비행기의 측면 도어가 열리고, 혁군파들이 나온다.
이동식 계단을 이용해, 천천히 지상으로 내려오는 승객들.
엄마 손을 꼭 잡고 내려오는 사이토는 기태가 염려되는지 자꾸만 뒤돌아본다.

기태(NA)

놈들은 결국 내 말대로 어린이, 노인,
여자 등 승객 23명을 풀어줬다.

(점프)

풀려나는 승객들을 바라보는 기태.

기태(NA)

내 가방에 들어 있던 히로뽕은 시가로
9천만 엔에 가까운 양이고, 북한의

027

권력자들이 마약에 환장한다는 소문은
일본에도 파다했다.
이 새끼들한텐, 내가 제 발로 굴러들어온
복덩어리인 셈이지.

18. 일본 운수성, 대신실 / 오후

혁군파가 승객들의 일부를 풀어줬다는 정보
를 보고하는 직원1.

직원1

(일어)

어린이, 노인, 여자 승객 23명을
풀어줬습니다.
子供と老人、そして女性、
合計23名の乗客が解放されました。

대신

(일어)

진짜로 풀어줬나?
本当に解放したか?

직원1

(일어)

네. 다만 지금 당장 연료를 공급하고
활주로를 비우지 않으면 나머지
승객들을 모두 죽이겠다고 합니다.
はい。ただ、今すぐ
燃料を補給して滑走路を空けないと、
残りの乗客全員を殺すと言っています。

대신

(일어)

어떻게 하면 좋겠소?
どうすればいいんだ?

차관

(일어)

일단 저들의 요구 조건을 들어주시죠.
승객들의 안전이 최우선입니다.
一旦、彼らの要求を呑みましょう。
乗客の安全が最優先です。

19. JAY351, 조종실 /
퍼스트 클래스 / 오후

창밖을 보면, 비행기를 가로막고 있던 전투기
가 움직이며 활주로가 열리고 있다.
한껏 기세가 오르는 테러범 일당.

혁군파2

(일어)

빼다! 전투기가 움직이고 있습니다.
どくぞ！戦闘機が動いています。

부두목

(일어)

놈들이 이륙을 허가했다!
평양으로 가는 거야!
奴らが離陸を許可した！平壌に行くぞ！

20. 이타즈케 공항, 활주로 /
일반 객실 / 오후

급유를 준비하는 차량과 직원들. 비행기에 주
유기가 꽂히고 급유가 시작된다.

(점프)

승객들을 모두 일반실에 몰아넣은 혁군파
일당.

혁군파2

(일어)

연료를 채우고 있어!!
평양으로 가는 거야!
燃料が補給されている！平壌に行くぞ！

21. JAY351, 퍼스트 클래스 / 오후

퍼스트 클래스, 기태와 나란히 앉은 야마다와
출입구를 지켜 선 혁군파들.

야마다

(일어)

왜 우리를 돕는 거지?
何故、我々の手助けを？

기태

(일어)

조용히 해결하면 좋잖아. 괜히
시끄러워서 좋을 게 뭐 있어?

静かに解決すればいいじゃないか。ただ、
騒がしくてもいい事はないだろ？

야마다

(일어)

너 정체가 뭐야?
あなたは一体何者なんだ？

기태

(일어)

보다시피 난 그냥 비즈니스맨이야.
見ての通り、俺はただのビジネスマンだ。

야마다

(일어)

비즈니스맨이라는 게 이런 종류의
비즈니스란 말이지？
ビジネスマンって事は、
この種のビジネスって事だよな？

기태

(일어)

최고의 돈벌이니까.
그만큼 위험은 따르지만.
最高の金儲けだ。そのぶん危険は伴うが。

야마다

(일어)

야쿠자 조직원인 건가？
ヤクザの組員か？

029

기태

(일어)

아니, 그쪽이랑은 일종의
사업 파트너? 그런 거지.
담배 한 대 줄 수 있나?
いや、そちらとは一種の
ビジネスパートナー、そんなもんだ。
タバコ、一本もらえないか?

주머니에서 꺼낸 담뱃갑을 보며 망설이는 야
마다. 그런 그를 살피는 기태.

기태

돗댄가…

(일어)

이제 우리는 운명 공동체인 거 같은데,
담배 한 대 정도는 괜찮지 않나?
もう俺たちは運命共同体みたいなもんだ。
タバコの一本くらいいいだろう?

야마다가 건넨 담뱃갑을 보는 기태, 담배를 꺼
내 문다.

기태

아이고… 돗대네…

야마다

(일어)

히로뽕은 한번 손대면
못 끊는다던데, 해봤나?

ヒロポンは一度でも手を出すと、
やめられないって言うが、やってみたか?

기태

(일어)

궁금하면 지금 한번 해보든지.
今やってみたらどうだ、気になるなら。

마침 조종실에서 나온 혁군파1, 야마다를 향
해 다가온다.

혁군파1

(일어)

이륙 준비 끝났습니다.
離陸準備、終わりました。

가방을 챙겨 조종실로 들어가는 야마다.

22. 이타즈케 공항, 청사 / 중정 / 오후

공항 청사 공중전화 부스. 비행기에서 풀려나
자마자 누군가와 통화하는 사이토 엄마.

사이토母

(통화, 일어)

ＪＡＹ３５１３８１１７…

(점프)

사이토 엄마와 통화하는 양복남, 어딘가로 모
스부호를 보낸다.

23. 김포공항, 랩컨 출입구 / 오후

‘U.S. Forces Korea Control Area(주한미군 통제 구역)’, ‘Restricted access(출입 제한)’ 등 문구가 곳곳에 붙은 입구로 빠르게 달려오는 지프.
지프 안 긴장한 얼굴의 공군 관제사 채지석.
도르래를 이용해 육중한 문을 여는 미군. 빠른 걸음으로 지하 계단을 내려가는 채지석.

(자막)

한국 김포공항 랩컨(지하 컨트롤 타워)

24. 김포공항, 랩컨 / 오후

지석이 랩컨에 들어서면, 근무하던 미군들이 자리에서 일어나 관망하듯 한발 물러서 있고, 저만치 자신의 상관과 미군 통신 대대장이 얘기 중인 모습이 눈에 들어온다.

상관
(영어)

랩컨은 미군 관할입니다.
RAPCON is US air force, no Korea!

대대장
(영어)

채지석 하사가 곧 올 거다.
랩컨 소속인 그를 도와서 해결해.
우리는 규정상 할 수 없다.
Sergeant Chae Ji-seok is gonna be here soon, right?
He belongs to RAPCON, fucking let him deal with it.
We are not gonna get our hands dirty here.

채지석

필승! 부르셨습니까?

상관을 향해 경례하는 채지석.
미군 대대장이 의미심장한 표정으로 지석의 등을 툭 치더니, 그대로 랩컨을 나가버린다.
무슨 영문인지 모르는 지석.

상관

이 시각 이후 주한미군은 랩컨을 비우고 앞으로 발생한 어떠한 상황에도 일체 관여하지 않기로 했다.

채지석

아니, 죄송합니다만 무슨 말씀이신지⋯ 그럼 여긴 누가 맡습니까?

중정남

야! 이리 와봐.

채지석이 소리가 들린 쪽으로 고개를 돌리면, 책상 의자에 앉아 있는 거만해 보이는 선글라스 남자.

상관의 눈치에 선글라스 남자에게 다가가는
채지석.

중정남

니가 관제 조장이야?

채지석

예.

중정남

관등성명!

채지석

필승! 하사 채지석!

따르릉! 날카롭게 울리는 전화벨. 황급히 수
화기를 집어 드는 선글라스를 낀 중정남.

중정남

(통화)

예, 부장님. 예, 예.

(지석 향해)

받어. 받어!

채지석 관제사에게 거칠게 내밀어지는 수
화기. 긴장한 채지석이 조심스레 전화를 받
는다.

중정부장(소리)

나 중앙정보부장인데, 자네가

조장이야?

채지석

(통화)

필승!

(인서트)

군부독재와 중앙정보부 관련 자료화면.

기태(NA)

중앙정보부, 쿠데타로 집권한
군사정권이 군부독재를 유지하기 위해
만든 국가정보기관이다.
미국 CIA를 본떠 설계했고,
반공이라는 이름 아래 국가 안보와 첩보
수집, 대외 공작을 수행했다.
하지만 실상은 달랐다.
법의 경계를 넘나들며 국민을 공포로
몰아넣고 무소불위의 권력을 휘둘렀다.
중앙정보부는 오직 각하만을 위한
친위 부대였다.

(점프)

부동자세로 서서 중정 부장의 지시를 듣는
지석.

중정부장(소리)

지금부터 내가 하는 말 똑똑히 들어,
각하 지시니까.
조금 있다가 우리 쪽으로 비행기

한 대가 넘어올 거야.
이유 불문하고 무조건 평양보다 먼저
그 비행기를 잡아.
절대 평양으로 그 비행기를 보내선
안 된다고! 알아들어?

채지석

예… 예, 알겠습니다!

점차 핏기가 가시며 창백해지는 얼굴… 땀으로 얼룩진 수화기를 다잡는다.

25. 이타즈케 공항, 활주로 / 퍼스트 클래스 / 조종실 / 오후

묵직한 굉음과 함께, 활주로를 내달리는 비행기가 다시 하늘로 날아오른다.

(점프)

퍼스트 클래스에 앉아 있는 기태.

기태(NA)

마침내 비행기는 이타즈케 공항을 떠나서
평양으로 출발했다.

(점프)

순조롭게 운항 중인 비행기의 조종실 내부.
야마다와 부두목이 기장의 등 뒤에서 상황을
지켜본다.

기태(NA)

하지만 혁군파들이 원하는 대로
평양으로 가서는 절대 안 된다.
평양으로 갈 바에는 차라리 죽는 게
나으니까.

이윽고 동해 상공에 진입하며, 북쪽으로 향하는 비행기.

26. 김포공항, 랩컨 / 오후

중정 요원들이 곳곳에 배치되고, 긴장감이 흐르는 랩컨.
레이더 화면에 드디어 JAY351이 동해 상공에 들어왔다는 불이 뜬다.

채지석

비행기가 우리나라 영공 안으로
들어왔습니다!

중정남에게 보고하는 채지석. 그런 채지석을
향해 신호를 날리는 중정남.

기장(소리)

(영어)

응답하라, 응답하라. 여기는 재팬
에어웨이스 351…
Any station, any station, this is Japan
Airways three five one…

정적을 깨고 들려오는 JAY351의 무전.
앞으로 튀어나가듯, 반사적으로 교신 버튼을
누르는 채지석.

채지석

(영어)

재팬 에어웨이스 351.

Japan Airways three five one.

27. JAY351, 조종실 / 퍼스트 클래스 / 랩컨 / 오후

채지석(소리)

(영어)

여기는 서울 관제소. 잘 들린다.

This is Seoul control. Loud and clear.

기장의 등 뒤에 선 야마다와 부두목, 잔뜩 긴
장한 표정이다.
'서울'이라는 말에, 적잖이 당혹스러운 기색.

기장

(영어)

서울 관제소, 여기는 재팬
에어웨이스 351.
우리는 북한 평양 공항에
착륙하려고 한다.
필요한 정보를 줄 수 있나?

Seoul control, this is Japan Airways

three five one.

We need to landing at the Pyongyang

Airport in North Korea.

Request any information.

채지석

(영어)

대기하라.

Stand by one.

(점프)

창밖을 보면, 비행기의 좌우를 에워싸듯 따라
붙은 2대의 전투기. 전투기를 발견하고 당혹
스러운 야마다와 부두목.

부기장

(일어)

전투기가 따라붙었습니다!
한국 공군입니다!
戦闘機が追尾しています！
韓国空軍です！

(점프)

그 시각, 다시 비행기에 교신을 보내는 랩컨.

채지석

(영어)

재팬 에어웨이스 351, 주파수를
131.4로 변경하라.

Japan Airways three five one, change

frequency one three one point four.

교신을 마치자마자, 신속하게 주파수를 변경
하는 채지석.

(점프)

기장 역시 주파수를 변경하고, 침착하게 교신
을 재개한다.
긴장감이 극도로 고조되는 조종실 내부…

기장

(영어)

평양 관제소, 여기는 재팬
에어웨이스 351.
Pyongyang control, this is Japan Airways
three five one.

(점프)

퍼스트 클래스, 눈 감은 채 상황을 주의하고
있는 기태.

(점프)

다시 조종실. 무전을 시도하는 기장.

기장

(영어)

들리는가? 우리는 평양에
착륙하길 원한다. 안내를 요청한다.
How do you hear me? We wanna landing
at the Pyongyang Airport.
Request information.

침묵 속에 거친 노이즈만 이어지고… 아무런
회신이 없는 평양 관제소.

기장

(영어)

평양 관제소, 평양 관제소,
여기는 재팬 에어웨이스 351,
응답 바란다.
Pyongyang control, Pyongyang control,
this is Japan Airways three five one,
radio check.

28. 김포공항, 랩컨 / 오후

상관과 중정 요원들의 이목이 온통 쏠려 있는
가운데…
레이더 스코프 앞에 앉아, 땀을 비 오듯 흘리
는 채지석.
초조함으로 달싹거리는 입술을 천천히 마이
크 쪽으로 가져간다.
삐익! 실수로 무전기 버튼을 누른 군인에게 들
리는 소음!

기장

(영어)

…평양 관제소, 평양 관제소,
여기는 재팬 에어웨이스 351,
응답 바란다.
Pyongyang control, Pyongyang control,
this is Japan Airways three five one,

radio check.

29. JAY351, 조종실 / 오후

기장에게 향해 있는 야마다의 총구. 침착함을
유지하려 애쓰며 무전을 반복하는 기장.

기장
(영어)

평양 관제소, 평양 관제소,
여기는 재팬 에어웨이스 351,
응답 바란다.
Pyongyang control, Pyongyang control,
this is Japan Airways three five one,
radio check.

채지석(소리)
(영어)

여기는 평양 관제소. 잘 들린다.
재팬 에어웨이스 351.
지금부터 평양 공항으로 안내하겠다.
270도 방향을 유지하라.
This is Pyongyang control, loud and
clear. Japan Airways three five one.
We control to Pyongyang Airport.
Heading two seven zero maintain.

부두목
(일어)

평양에서 응답했습니다! 축하합니다,

야마다 님!
平壤が応答しました！
おめでとうございます。山田さん！

30. 김포공항, 랩컨 / 오후

숨도 제대로 못 내쉬며 비행기의 응답을 기다
리는 채지석.

기태(NA)
몇 달 전, 강릉발 서울행 비행기가
승객으로 위장해 있던 북한 공작원에 의해
강제로 납북됐다.

절박한 표정으로 비행기의 응답을 기다리는
채지석.
레이더상의 비행기를 뚫어져라 쳐다보며, 속
이 새카맣게 타들어간다.

기태(NA)
납북된 탑승자 50명 가운데 39명은
판문점을 통해 돌아왔지만,
기장과 승객을 포함한 11명은 아직도
북한에 억류 중인 상태.
채지석은 지금 남북 간의 보이지 않는
전쟁터에 내몰린 셈이지.

이때, 비로소 터져나오는 무전.

기장(소리)

(영어)

평양 관제소, 여기는 재팬
에어웨이스 351.
270도를 유지하겠다.
계속 안내 바란다.
Pyongyang control, this is Japan Airways
three five one.
Heading two seven zero maintain.
Request further clearance.

됐다! 일제히 터지는 소리 없는 환호성.

**31. JAY351, 조종실 /
퍼스트 클래스 / 오후**

기태(NA)

그리고 이 비행기는 지금, 또다시
납치되는 중이다.

비행기가 38선을 넘어가면서, 공군 전투기들
도 더 이상 따라붙지 못한다.

부두목

(일어)

전투기가 떨어져 나갔습니다, 대장!
戦闘機が離れました。リーダー！

그제야 마음이 좀 놓이는지, 표정이 누그러지
는 야마다.

채지석(소리)

(영어)

재팬 에어웨이스 351…
여기는 평양 관제소…
좌측 200도로 방향 전환하라.
Japan Airways three five one…
This is Pyongyang Control…
Turn left heading two zero zero.

무전기를 통해 흘러나오는 관제사 채지석의
목소리. 끊임없이 방향 수정을 지시한다.

기장

(영어)

알겠다, 평양 관제소.
방향을 200도로 수정하겠다.
Roger, Pyongyang control.
Heading two zero zero.

평양(?) 관제소의 지시대로, 꾸준히 비행기의
경로를 수정하는 기장.

(점프)

눈 감고 있는 기태의 얼굴로 태양 빛이 방향을
바꾼다.

기태(NA)

더블 하이재킹. 김포공항 관제소의
채지석 관제사는 평양으로 가는 교신을
중간에서 가로채 비행기를 다시 남쪽으로

향하게 만들었다.

(점프)

상공. 어디론가 날아가는 비행기.

채지석(소리)

(영어)

재팬 에어웨이스 351. 32 오른쪽
활주로로 들어와라.
Japan Airways three five one. Runway
three two right.

기장(소리)

(영어)

계속 접근하겠다.
Roger. Runway three two right.

채지석(소리)

(영어)

환영한다. 재팬 에어웨이스 351.
계속 접근하라.
Good afternoon, Japan Airways three
five one. Continue approach.

32. 김포공항, 인근 도로 / 오후

(자막)

한국 김포공항

군인들을 가득 태우고 어디론가 줄지어 가는

육공트럭들.

(점프)

줄지어 선 군인들에게 작전 지시를 하는 상관.

상관

지금부터 여기는 평양 공항이다.
우리는 비행기 납치범들이 내려오면
전원 생포한다.
반항하면 즉시 발포해도 좋다.

33. JAY351, 조종실 / 퍼스트 클래스 / 오후

랜딩 기어의 요란한 마찰음과 함께, 활주로에
내려앉는 비행기.

기태(NA)

**자신들도 모르는 사이에 평양 상공을
지나쳐 서해를 거친 비행기는, 그렇게
김포공항에 착륙했다.**

조종실 창밖을 확인하는 야마다. 검정 치마저
고리를 차려입은 여성들이 꽃가지를 마구 흔
들고, 인민군복을 입은 군인들이 열렬한 환호
를 보내는 광경이 펼쳐진다.

기태(NA)

**공항 인근 주민들과 인민군으로 위장한
군인, 학생들을 동원해 급조한 환영 인파.**

청사 위 휘날리는 인공기를 보는 야마다와 부
두목.

기태(NA)

**공항 청사에 인공기까지 내걸며 나름
적극적인 위장술을 펼쳤지만, 어설프기
짝이 없는 시도였다.**

멀리 언덕 너머, 미군 전투복을 입은 흑인과
백인이 이 상황을 구경하듯 보고 있다. 혼란
스러운 야마다와 혁군파들.

부두목

(일어)

대장, 아무래도 뭔가 이상합니다!
リーダー、どうも何かおかしいです！

야마다

(일어)

비켜봐!
どけ！

부하들을 제치고, 직접 비행기 문을 열고 밖
을 살펴보는 야마다.
저 멀리 성조기와 태극기가 급하게 내려지고
있다.

기태(NA)

**역시나 혁군파도 뭔가 이상한 걸 눈치챘다.
기껏 준비한 이 작전은 어처구니없게도…**

야마다, 환영 인파들 앞에 부동자세로 선 인민
군 사내와 눈이 마주친다.
의심에 찬 눈초리로 인민군 하나를 지목해 소
리치는 야마다.

야마다

(영어)

거기 너! 여기 서울이야?
Hey you! Here Seoul?

인민군

(영어)

네…!
Ye… Yes!

야마다의 물음에 당황하며 외치는 인민군.

기태(NA)

실패하고 말았다.

(점프)

바닥에 내동댕이쳐지는 기장, 기장의 목덜미
에 총을 들이미는 야마다.

부두목

(일어)

죽고 싶어?
死にたいのか？

야마다

(일어)

이게 어떻게 된 거야! 우리가 왜
남한에 와 있는 거냐고!
どういうことだ！どうして俺たちが
南朝鮮にいるんだ！

기장

(일어)

전 모릅니다…
わかりません。

부두목

(일어)

모른다고? 죽여버릴 거야!
わかりませんだと？ぶっ殺すぞ！

기태

(일어)

기장을 죽이면 비행기는 누가 모는데?
機長を殺したら誰が操縦するんだ？

기장을 겁박하던 혁군파의 시선이 일체 기태
에게 향한다.
감고 있던 눈을 뜨고 야마다와 시선을 마주치
는 기태.

기태

(일어)

평양 안 갈 거야?

平壌、行かないのか？

기태에게 달려와 거칠게 멱살을 움켜쥐는 부
두목.
살기등등한 눈으로 노려보다… 시퍼렇게 날
이 선 일본도를 기태의 목덜미에 들이댄다.

부두목

(일어)

죽여버린다.
ぶっ殺してやる。

기태

(일어)

난 니들 도운 죄밖에 없어.
날 죽인다고 평양에 갈 수 있겠나?
俺はおまえたちを助けた罪しかない。
俺を殺したからといって
平壌に行けるのか？

부두목

(일어)

웃기지 마, 이 새끼야! 당장
죽여버리겠어.
笑わせんなこの野郎！今すぐ殺してやる。

기태

(일어)

일단 진정해. 니들이 무사히 평양에 갈
방법이 아직은 있어.

041

とりあえず落ち着け。お前たちが無事に
平壌へ行く方法はまだある。

부두목

(일어)

닥쳐! 재일 교포 말 따위에 더는
휘둘리지 않을 테다. 모를 줄 알았나?
너 같은 재일 교포들은 냄새가 나거든.
개돼지한테서나 나는 그 구린내 말이야.

黙れ！在日の言葉などにこれ
以上振り回されんぞ。
分からないとでも思ったのか?
おまえみたいな在日は匂うんだよ。
犬や豚からする、そんな臭いだ。

다가와 기태에게서 부두목을 떼어내는 야
마다.

야마다

(일어)

그만둬. 평양에 갈 방법이 있다고?
やめろ。平壌へ行く方法があるだと?

기태

(일어)

약속하지. 내가 니들을 무사히
평양에 보내준다고.
約束するよ。俺がおまえたちを
無事に平壌へ行かせてやる。

야마다

(일어)

네 목숨을 걸 수 있겠나?
あなたの命をかけれるか?

기태

(일어)

내 목숨을 걸지.
俺の命をかけるよ。

34. 김포공항, 회의실 / 저녁

(자막)

한국 김포공항 회의실

창밖으로 보이는 활주로… 재팬 에어웨이스
351편 비행기가 보이는 가운데, 커다란 테이
블 양쪽에 죽 늘어앉은 한일 양국 관계자들.
일본 운수성 대신과 차관이 초조하게 담배를
태우고 있다.
양측의 말을 실시간으로 전달하느라 분주한
통역사들.

기태(NA)

비행기의 움직임을 주시하던 일본은
대혼란에 빠졌고, 사태 파악을 위해
한국에 대표단을 파견했다.

한정부1

어쩌다가 비행기가 이쪽에 착륙하게

됐는지는 몰라도,
일단 대한민국 땅에 들어온 이상
평양으론 절대 못 보냅니다.

마이크 버튼을 눌러 발언하려는 일본 차관.
스피커에서 찢어질 듯한 소음이 들린다.

차관

(일어)

마이크. 정 장관, 마이크 스위치.
マイク、チョさん、マイク、スイッチ。

한정부1

마이크 뭐?

한국통역

죄송합니다.

서둘러 한정부1의 마이크 버튼을 눌러 끄는
한국 통역.

차관

(일어)

누군 평양으로 보내고 싶습니까?
아무도 그렇게 생각 안 해요!
하지만 승객들의 목숨이 걸린 이상
협상의 여지는 있어야 한다는 거죠.
誰が平壌になど行かせたいんですか?
誰もそうは考えておりません！
しかしですよ、乗客の命が

掛かってる以上、交渉の余地は残して
おかなければならないという事ですよ。

한정부2

아, 그러게 왜 이쪽으로 넘어오게
만들어요! 일본에서 잘~ 하셨어야지!
우리도 참 입장이 난감하긴 한데, 아니
각하 뜻도 워낙 확고하시고…

대신

(일어)

한국이 지금 비행기 납북 사건 때문에
여론이 좋지 않은 건 알아요.
하지만 100여 명의 목숨이 달린 일인데,
정치적인 상황보다는 인도적인 차원에서
접근이 필요하지 않겠습니까?
韓国が今、航空拉致事件で世論が
良くないのはよく知っています。
しかし、100人余りの命がかかっています。
政治的な状況よりも、人道的なレベルでの
アプローチが必要ではないでしょうか？

한정부1

거, 여론 눈치보는 게 아니라
현재 북한에 억류돼 있는
우리 비행기와 국민들의 안전을
우선하자는 겁니다.
협상을 하지 말라는 게 아니라,
평양으론 절대 못 간다 이 말이오.

한정부2

맞습니…

(한정부1의 마이크를 끄고)

한정부1

아니, 뭐…

한정부2

맞습니다. 어쨌든 우리가
밖에서 시동을 걸어주지 않으면
이륙을 못 하는데,
지들이 뭐 용빼는 재주 있어요?
결국에는 숙이고 들어오게 돼 있어요.

차관, 벌떡 일어나 창밖으로 보이는 비행기를
가리킨다.

기태(NA)

**한국 정부는 비행기를 적극적으로 유인한
사실을 끝내 부인했다.**

차관

(일어)

저 비행기에 우리 국민들이,
일본 국민들이 타고 있습니다.
여러분들과 같이 아무 죄도 없는
사람들입니다.
한국 정부의 입장은 충분히
이해합니다.
하지만 지금은 우선 승객들의

목숨과 안전을 최우선으로
생각해주시기를 간곡하게 부탁드립니다.
あの航空機には、我々の国民が、
日本の国民が乗っています。
皆さんと同じ、なんの罪もない人達です。
韓国政府の立場も十分に理解している
つもりです。ですが、
ここはまず乗客の命と安全を
最優先に考えて下さる様、
心からお願いを申しあげる次第です。

기태(NA)

**양측의 입장 차는 뚜렷했고, 좀처럼
좁혀지지 않았다.**

35. JAY351, 일반 객실 / 밤

비상등만 켜져 있는 기내. 빈 도시락만 나뒹
구는 일반실 갤리.
지친 표정의 혁군파 일당, 초조한 기색이 역력
하고, 객실에 오랜 시간 방치된 승객들도 추
위와 배고픔으로 기력을 잃었다.

기장(소리)

(영어)

여기는 재팬 에어웨이스 351.
기내에 공기가 필요하다.
엔진이 꺼지면서 모든 전원과
환기장치가 내려갔다.
This is Japan Airways 351.

We need air in the cabin.
The engines have shut down, and all the
power and ventilation are down.

36. 김포공항, 랩컨 / 밤

기장(소리)

(영어)

당장 기내에 공기를 주입하지 않으면,
점점 숨쉬기가 힘들어질 것이다.
반복한다. 기내에 공기가 필요하다.
엔진이 꺼지면서 모든 전원과
환기장치가 내려갔다.
당장 기내에 공기를 주입하지 않으면
점점 숨쉬기가 힘들어질 것이다.
Unless we get air into the cabin
immediately,
it will be difficult to breathe. Repeat.
We need air in the cabin.
The engines have shut down, and all the
power and ventilation are down.
Unless we get air into the cabin
immediately, it will be difficult to
breathe.

비행기의 무전이 울려 퍼지는 랩컨 내부.
채지석이 난처한 표정으로 뒤를 돌아보면,
라면을 먹던 중정남이 안 된다는 신호를 보
낸다.

채지석

(영어)

여기는 서울 관제소. 탑승구를 열어라!
다시 반복한다, 탑승구를 열어라!
This is Seoul approach control.
Open the door! Once again,
open the door!

37. JAY351, 퍼스트 클래스 /
일반 객실 / 밤

나란히 앉은 기태와 야마다. 초조해 보이는
야마다와는 다르게 여유롭게 기내식을 다 먹
고 입까지 닦는 기태.

야마다

(일어)

네가 시키는 대로 일본 정부에
모든 책임을 떠넘겼어.
あなたの言う通り、日本政府に
すべての責任を押し付けた。

기태

(일어)

잘했어. 지금쯤 일본 정부는
승객들의 안전을 위해
어떻게든 니들을 평양으로 보낼
생각을 하고 있을 거야.
문제는 한국 정부인데, 절대 쉽게
보내주지 않을 거야.

よくやった。今頃、日本政府は乗客の
安全のために何としてもお前たちを
平壌へ行かせようと考えているだろう。
問題は韓国政府だが、
絶対に簡単には行かせてくれないだろう。

담배를 꺼내 무는 기태.

기태

(일어)

돌려줄게.

返すよ。

야마다에게 담배를 건네는 기태. 받아 들고는
불을 붙이는 야마다.

야마다

(일어)

그래서 어떻게 할 건데?

それでどうするつもりだ?

기태

(일어)

명분이 있어야 하는데… 나머지
승객들을 다 풀어줘.

大義名分が必要なんだが…
残りの乗客たちをすべて解放するんだ。

부두목, 다시 흥분을 감추지 못하고 기태의 목
덜미에 일본도를 들이댄다.

부두목

(일어)

이 새끼가, 우리가 또 속을 줄 알아!

この野郎、俺たちがまた
騙されると思ってるのか!

자리에서 일어나 부두목의 칼을 치우는 야
마다.

야마다

(일어)

너 진짜 정체가 뭐야?

あんたの本当の正体は何なんだよ?

기태

(일어)

말했잖아. 난 비즈니스맨이라고.

言っただろ、俺はビジネスマンだって。

총을 꺼내 기태의 가슴팍에 들이미는 야마다.

야마다

(일어)

너 무슨 꿍꿍이야.

一体、何企んでんだ。

침착하게 가슴팍에 꽂힌 총을 보다, 부두목의
폭탄 조끼를 살펴보는 기태.

기태(NA)

하…

기태

(일어)

난 그냥 조용히 해결하길 바랄 뿐이야.
니들을 평양에 보내고, 난 비즈니스를
끝내고.
俺はただ、静かに解決してほしいだけだ。
お前たちを平壌に送って、
俺はビジネスを終わらせて。

야마다

(일어)

승객은 더 이상 못 풀어준다.
한국 정부가 우리의 조건을 받아주지
않으면 다 죽는 거야!
물론 네 목부터 벨 것이다.
乗客はもう解放しない。
韓国政府が我々の条件を受け入れない
ならば、みんな死ぬんだよ！
もちろん、お前の首からはねる。

기태

(일어)

알았어. 그럼 다른 방법을 쓰자고.
내가 준 가방을 가져와.
그 안에 답이 있어. 니들을 평양으로
보내줄.
分かった。では、他の手を使おう。

俺が渡した鞄を持ってきてくれ。
その中に答えがある。おまえたちを
平壌に送る。

(점프)

혁군파1, 선반에 숨겨둔 가방을 꺼낸다.

(점프)

기태 앞으로 가방을 가져오는 혁군파1.
야마다와 그 일당이 지켜보는 가운데… 가방
쪽으로 손을 뻗는 기태의 손을 낚아채는 야
마다.
기태를 믿지 못하고 가방을 직접 열어본다.
히로뽕이 가득한 가방 안… 야마다가 가방 안
쪽으로 손을 뻗는 순간, 퍽! 가방을 걷어차는
기태.
공중으로 날아오르는 히로뽕들과 맨 밑바닥
에 숨겨진 권총!
일순간 혁군파 일당을 제압하고 권총을 집어
드는 기태. 야마다를 향해 그대로 탕!

야마다

아악! 아아악!

야마다의 귓불이 터지고… 총알이 그대로 벽
에 박힌다.

(점프)

총소리에 놀란 승객들, 두려움에 떨며 머리를
푹 숙이고, 승객들을 감시하던 혁군파들도 놀

란 얼굴이다.

혁군파5

(일어)

뭐야?

何だ？

혁군파4

(일어)

총이야?

銃声か？

혁군파3

(일어)

우리 총 있었어?

俺ら銃持ってたか？

(점프)

기태의 총알에 꿰뚫린 귀를 붙잡고 고통스러워하는 야마다.
기폭 장치를 꼭 붙잡으며 몸을 일으키는 부두목.

부두목

(일어)

지금 당장 총 내려놔!
그렇지 않으면 다 죽어!
今すぐ銃を降ろせ！
さもなければみんな死ぬぞ！

온몸에 폭탄을 두른 부두목이 기폭 장치를 누르려 한다.

기태

(일어)

해봐.

やってみろ。

부두목 쪽으로 천천히 걸어가는 기태. 등골이 오싹할 정도로 싸늘한 광기를 내뿜는 검은 눈동자.
당황하는 부두목.

기태

(일어)

해보라고.

やってみろよ。

손을 올려 부두목의 손에 들린 기폭 장치를 천천히 누르는 기태.
고개 숙이며, 끝내 눈물을 흘리는 부두목.

38. 김포공항, 복도 / 회의실 / 밤

심각한 표정으로 뛰어 들어오는 정부 관계자.

관계자

기내에서 총소리가 들렸답니다!

일통역

(일어)

기내에서 총소리가 들렸다고 합니다!

機内で銃声が聞こえたそうです！

한일 정부 관계자들이 창밖으로 보이는 비행
기를 주시한다.

한정부1

아이고야… 이거 또…

39. JAY351, 퍼스트 클래스 / 밤

피가 흐르는 귀를 감싸고 있는 야마다.
잔뜩 겁에 질린 혁군파들과는 달리, 여유로운
모습으로 총을 들고 있는 기태.

기태

(일어)

봐서 알겠지만 이건 니들이 들고 있는
애들 장난감하고 달라.
진짜로 사람을 죽일 수 있지.

見ての通り、これはお前たちが持っている
子供のおもちゃとは違う。
本当に人を殺すことができる。

야마다

(일어)

우릴 어떻게 할 생각이지?

我々をどうするつもりだ？

기태

(일어)

니들은 지금부터 얌전히 내 지시를
따르다가 모두 평양으로 가게 될 거야.

お前たちは今から
私の指示におとなしく従って、
みな平壌に行くことになる。

무슨 생각을 하는지 종잡을 수 없는 무표정한
얼굴의 기태.

기태(NA)

그래, 놈들이 승객들을 인질로 기내를
장악했듯, 나는 지금부터 저놈들을 인질
삼아 이곳을 빠져나갈 것이다.

기태

(일어)

지금부터 내가 하는 말 그대로 저쪽에
전달해. 우리의 조건은…

今から言うことをそのまま
向こうに伝えるんだ。我々の要求は…

40. 김포공항, 랩컨 / 아침

야마다(소리)

(일어)

우리의 요구 조건은… 그것뿐이다.

我々の要求は…それだけだ。

관제사 채지석을 비롯해, 중정 요원들이 모여 있는 랩컨.

숨소리조차 함부로 내기 힘든 초긴장 상태에서, 모두 야마다의 음성을 듣고 있다.

야마다의 무전을 통역하는 상사.

야마다(소리)

(일어)

우리의 요구 조건을 들어주지 않는다면
정오가 되는 즉시,
비행기에 설치된 폭탄을 터트려
자폭할 것이다.
하지만 우리의 요구 조건을 들어준다면
승객들을 안전하게 풀어주겠다.
我々の要求を聞き入れないのであれば
正午になると共に、
機内に設置した爆弾で自爆する。
だが、我々の要求に応じれば
すべての乗客を安全に解放する。

상사

(동시통역)

우리의 요구 조건은 그것뿐이다.
우리의 요구 조건을 들어주지
않는다면 정오가 되는 즉시,
비행기에 설치된 폭탄을 터트려
자폭할 것이다.
하지만 우리의 요구 조건을
들어준다면 승객들을 안전하게
풀어주겠다.

41. 김포공항, 회의실 / 오전

창밖으로 보이는 광경… 승객들이 풀려나고 있다.

망연자실 창밖을 바라보는 일본 운수성 대신과, 연신 담배를 피워대는 차관.

묘하게 무거운 분위기가 흐르고, 일본 정부 관계자들이 둥그렇게 모여 고개를 숙이고 있다.

대신

(일어)

약속을 지킨다고 어떻게 믿을 수 있죠?
約束を守ると、どうして信じることが
できるんだ?

차관

(일어)

약속을 지키겠다는 의미로 승객의
절반을 풀어주겠다고 했답니다.
총 58명이랍니다.
約束を守るという意味で、
今すぐ乗客の半分を解放すると
言ったそうです。総勢58名だそうです。

대신

(일어)

정말 승객들을 풀어줬단 말인가…
本当に乗客を解放するのか…

42. 몽타주: 평양으로 간 JAY351 / 오후

코트 차림의 운수성 차관, 착잡한 표정으로 비행기에 오른다.

기태(NA)

인질 교환. 내가 야마다를 시켜 내건
조건은, 일본 정부의 고위급 인사가
비행기 승객들을 대신해 납치범들의
인질이 되는 것이었다.

(점프)

김포공항 활주로.
초췌한 모습의 승객들 사이, 비행기 계단을 내려오는 기태가 보인다.

기태(NA)

마약까지 들고 탄 일본인 사업가가
북한에 가지 않고 무사히 빠져나가려면,
어떻게든 이 사태를 해결해야 했으니까.

(점프)

북한을 향해 날아가는 비행기.

기태(NA)

혁군파는 새로운 인질과 함께 자신들의
안전을 보장받았고, 그간 승객들의 안전을
내세워 비행기의 평양행을 막았던 한국
정부의 명분도 사라졌다.

(점프)

북한의 환영을 받는 혁군파들, 환영 인파 속
꽃목걸이를 걸고 환하게 웃는 모습.

기태(NA)

북한은 혁군파들의 망명을 받아들였고,
내 예상대로 며칠 후 비행기를
일본으로 다시 돌려보냈다.
국제사회의 따가운 시선을 의식하지
않을 수 없었던 거지.

(점프)

일본으로 귀환한 운수성 차관과 기장, 환영 인파에게 손을 흔든다.

기태(NA)

본국으로 송환된 나츠메 차관과 혼다
기장은 일본의 국민 영웅이 돼서 정계
진출도 하고, 승승장구했다는데…

(점프)

텅 빈 랩컨. 38선을 넘어가며 레이더 속 사라지는 비행기.
허탈한 모습으로 랩컨을 나가는 채지석 관제사.

기태(NA)

정작 비행기를 유인해 승객들을 구한
채지석 관제사는 영웅 대우는커녕,
그날의 진실에 대해 함구하라는 압박에

시달리다 군복을 벗고 말았다.
그래… 그게 바로 각하와 중정이,
이 나라를 유지하는 방식이지.

43. 김포공항, 청사 / 오후

청사 밖, 진을 치고 있는 기자들. 청사에서 나
와 기자들 앞에 선 한국 정부 관계자.

기자1

나온다, 나온다!

관계자

우리는 피랍 승객이 서울에서
무사히 구출된 것을
전 세계 자유민과 더불어 기뻐해
마지않으며,
우리 정부와 국민은 이 기회에
다시 한번 공산도당의 만행에 경각심을
새로이 하는 바입니다.

(점프)

청사 안 보안 검색대. 풀려난 승객들의 몸수
색을 하는 경찰들.
빈손인 기태, 태연하게 자신의 여권을 관계자
에게 내민 후, 몸수색에 응한다.

기태(NA)

비행기 사건 이후 일본은 항공기
보안 검색을 시작하고, 하이재킹

방지법까지 만들었다.
마약을 가득 채운 가방을 들고
당당히 비행기를 탈 수 있던 좋은 시절도
끝났다는 말인데…
좀 아깝긴 하지만, 가방을 두고
내린 건 옳은 선택이었다.

(점프)

풀려난 승객들 무리 속, 조용히 고개를 숙인
채 걸음을 옮기는 기태.

(인서트)

과거. JAY351, 퍼스트 클래스 / 오후

귀에 붕대를 감은 야마다와 일직선으로 앉은
기태. 가방을 야마다에게 건넨다.

기태

(일어)

선물이야. 다시 볼 일은 없겠지만.
입조심하고.
餞別だ。二度と会うことはないと思うが、
口止め料だ。

야마다, 기태를 향해 정중히 인사한다.

44. 이타즈케 공항, 인근 도로 / 오후

(자막)

일본 후쿠오카 이타즈케 공항

활주로를 박차고 떠오르는 비행기들이 멀리
보이고…
공항 인근 한적한 도로에 멈춰 서는 승용차.
차에서 내리는 기태.

기태(NA)

**그렇게 나는 예정보다 늦게
후쿠오카에 도착했다.
차질이 좀 있었지만, 비즈니스는
비즈니스니까.**

저만치 서 있는 또 한 대의 차량을 향해 천천
히 걸어가는 기태.
차량에 기대어 서 있는 여자의 모습이 보인다.

기태(NA)

**드디어 만나게 된 내 비즈니스 파트너,
이케다 유지. 여잔가? 여자다.
이케다 회장을 만나려면 반드시 그녀를
거쳐야 하고, 그녀의 눈 밖에 나는 순간
거래는 끝이라고 했다.**

명품 정장을 차려입은 채 담배를 태우고 있는
유지, 눈부신 미모다.
그녀 옆에 나란히 서는 기태.

유지

(일어)

이케다 유지예요.
イケダユジです。

기태

(일어)

마츠다 켄지입니다.
松田健二です。

유지

(일어)

많이 늦었군요.
ずいぶん遅かったですね。

기태

(일어)

일이 좀 생겨서요.
少々、事情がありまして。

유지

(일어)

물건은?
品物は?

기태

(일어)

라이터 좀 빌려주실래요?
ライター、貸してもらえますか?

유지, 라이터를 건넨다. 라이터를 받아 담뱃
불을 붙이는 기태.

기태

(일어)

물건은 비행기에 놓고 내렸습니다.
혁군파 때문에 어쩔 수 없었어요.
品物は飛行機に置き忘れました。
革軍派のせいで、仕方なく。

유지

(일어)

지금 평양으로 간 비행기를
말하는 거예요?
今、平壌に行った飛行機の事を
言ってるんですか?

기태

(일어)

제가 바로 그 비행기에 타고
있었습니다.
ちょうどその飛行機に乗っていました。

유지

(일어)

안타깝지만 우리의 비즈니스는
여기가 끝이네요. 그럼.
残念ですが、私たちのビジネスは
ここまでですね。では。

기태

(일어)

아쉽네요. 이케다 회장님께 최상품을
보여드리고 싶었는데.
残念ですね。池田会長に最高級品を

お見せしたかったのですが。

차에 올라타는 유지. 닫으려는 차 문을 붙드
는 기태.

기태

(일어)

또 만나요.
また会いましょう。

기태의 시야에서 사라지는 유지의 차. 아쉬운
듯 발걸음을 옮기는 기태.

45. 부산지검 / 아침

(자막)

한국 부산지방검찰청

탈탈탈… 낡은 자전거 한 대를 힘들게 끌고 언
덕길을 올라오는 남자, 장건영.
양말 속으로 쑤셔넣은 바짓단, 떡진 머리에 구
겨진 양복이 누가 봐도 노총각 공무원의 차림
새다.

건영

아이고 씨… 왜 이렇게 높아… 높다, 높아.

46. 부산지검, 마약 수사반 / 오후

모여 앉아 뉴스를 보고 있는 김 계장과 수사

CEDRIC 2000

관들.

앵커(소리)

피 말리는 협상 끝에 일본 운수성
차관 나츠메 씨가 스스로 인질이 되어
비행기에 오르면서
기내에 남아 있던 승객 45명이
추가로 풀려났습니다.

김계장

이야… 대책 없이 멍청한
새끼들인 줄 알았더니,
그중에 머리 쓰는 놈이 좀 있었나보네.

수사관3

네, 그러게요. 제법이네요.

건영

가서 일들 해요.

수사관들이 보던 뉴스를 끄고 해산시키는
건영.

수사관들

네, 영감님, 알겠습니다.

수사관들과 같이 슬며시 자리를 빠져나가려
던 김 계장을 잡아끌어 앉히는 건영.

건영

아이고, 김 계장님.

김계장

예.

건영

이게 좀 거슬리지 않아요?
요즘 만재파 애들 움직임.

김계장

예.

건영

아니, 이 새끼들이 뽕을 팔아서
수출 역군이 되려고 이러나, 응?
왜 자꾸 야쿠자 애들이랑 엮이지?

김계장

그니깐요.

계속 서류를 보던 건영.

건영

이거 누구예요?

김계장

아, 지금 파악 중인데 쉽지가 않습니다.

수사 자료 속 사진. 부산 만재파의 두목 조만

재가 부둣가에서 한 남자와 만나고 있는 사진이다.

사진 속 남자의 얼굴을 보면… 기태다!

유독 남자 앞에서 굽실대는 조만재의 모습이 건영의 호기심을 자극한다.

사진 속 기태의 얼굴을 뚫어지게 쳐다보는 건영.

47. 부산, 부둣가 / 오후

검은 승용차에 탄 기태, 앞에 보이는 육중한 건물을 향해 들어간다.

경비가 삼엄한 건물 출입구.

검은 양복에 선글라스를 낀 사내가 기태에게 꾸벅 인사한다.

차에서 내려 건물 안으로 들어가는 기태.

48. 건물, 복도 / 오후

복도를 걷는 기태를 불러 세우는 남자.

표과장

백 과장!

방에서 나온 피투성이의 남자, 표학수 과장.

그런 표 과장의 모습을 대수롭지 않게 여기는 기태.

표과장

휴가 잘 갔다 왔어? 좋았겠다.

기태

넌 출장을 휴가라고 부르냐.

표과장

어디 가? 오야지 안에 있어. 아이고야…

표 과장이 나온 방으로 들어가는 기태.

기다란 복도를 따라 닭장 같은 여러 개의 방이 늘어선 구조.

대낮인데도 빛이 들지 않아, 어둑하고 음산하다.

방마다 고문받는 사람들의 신음과 비명이 난무한데, 무심한 표정으로 한 취조실을 찾아 들어가는 기태.

기태

찾으셨습니까?

취조를 빙자한 구타가 난무한 방 안.

대수롭지 않게 피가 묻은 손을 닦는 남자.

포마드 머리에 금테 안경을 쓴, 날렵한 인상의 황국평 국장.

황국장

어, 왔어? 수고 많았어. 방에 가서 얘기 좀 하자.

황 국장을 따라 취조실을 나가는 기태.

49. 황 국장의 집무실 / 오후

LP를 켜고 자리에 앉는 황 국장.

황국장

손에 든 건 뭐야?

기태

아, 위스키랑 시가 좀 사 왔습니다.

황국장

뭘 또 이런 걸 사 오고 그래.

서둘러 들고 있던 쇼핑백을 황 국장에게 내미
는 기태. 빗과 거울을 꺼내 흐트러진 머리를
살피는 황 국장.

황국장

에이씨, 튀었네. 어, 좋더라. 더블
하이재킹. 굿 아이디아.

기태

감사합니다.

황국장

위에서도 아주 칭찬이 자자해.

(인서트)

과거. 중정 사무실 / 퍼스트 클래스 / 오후

타자기로 찍히는 내용.

'JAY351 더블 하이재킹 김포 백기태, 일본 항
공기 JAY351편 김포공항에서 더블 하이재킹
요망'.

기태(NA)

DHJ. 더블 하이재킹. 내 코드 넘버 B73.

(점프)

퍼스트 클래스 안.

기태가 혁군파의 시선을 피해, 풀려나는 사이
토에게 작게 접힌 비행기 티켓을 건네준다.

(인서트)

과거. 이타즈케 공항, 청사 / 사무실 / 오후

공항 청사 공중전화 부스. 누군가와 통화하는
사이토 엄마.

쪽지에 번호와 함께 일어로 적혀 있는 내용.

'한국 부산, 이쪽으로 전화해주세요.'

기태(NA)

중앙정보부 긴급 통신 번호를 아이
엄마에게 알려주었고, 다행히 아이 엄마는
끝까지 침착하게 전화를 걸어주었다.

사이토母

(일어)

...3 8 1 1 7 7 6 7 1 B 7 3.

(점프)

모스부호를 듣고 메모를 적는 남자는, 다름 아닌 중정 요원이다!

'JAY351 381 177 671 B73'.

기태(NA)

중앙정보부에서는 긴급하게 움직였고, 평양으로 향하던 비행기는 내 계획대로 김포공항에 착륙한 것이다.

(점프)

다시 집무실.

황국장

그건 그렇고, 조만재, 야쿠자하고 뽕을 거래한다는 이야기가 있더라?

기태

알고 있습니다.

황국장

알고 있다?

기태

예.

황국장

근데 왜 나한테 보고를 안 했을까요?
백 과장님?

기태

…

황국장

백기태.

속내를 알 수 없는 기태의 얼굴에서.

기태(NA)

그렇다. 내 이름은 백기태. 중앙정보부 부산 지부 정보과 과장이다.

제2화
개의 힘

1. 부산, 가정집 / 저녁

밥상에 마주 앉아 저녁을 먹는 젊은 부부가 보인다.
별다를 것 없이 평범한 가정집 풍경 위로 흐르는, 흑백 TV 속 뉴스.

앵커(소리)

날림 공사로 말썽을 빚어오던 마포 시민 아파트 붕괴로 온 국민이 큰 충격과 혼란에 휩싸인 가운데, 현재까지 사망자 32명, 부상자는 40여 명으로 발표되었으며, 사망자는 무너진 시멘트 콘크리트 더미 속에 갇혀 대부분 압사한 것으로 보인다고 전해졌습니다. 8일 상오 6시 반 서울 마포구 창전동 산 마포 시민 아파트 15동 건물이 무너지는 대참사가 발생했습니다. 갑작스레 벌어진 참변이라 손쓸 틈이 없었고 현장에 긴급 구조 대책 본부를 설치한 서울시는 군경 등의 인원, 장비 지원을 얻어 구조 작업에 착수했으나, 산비탈로 경사가 심하고 무너져내린 철근과 시멘트가 엉켜 있어 신속히 진행되지 못했습니다.

방 한쪽 구석의 흑백 TV를 흘끔거리던 남편.

남편

저저, 저 봐라, 저.
세상이 미치 돌아가는 기, 남은 날이 얼마 안 남았나부다.
하기사 뭐 오래도 버텼다 아이가.
언젠가 저 아파트맹키로 온 세상이 와르르 박살이 나고 말 끼다.

아내

아휴 재수 없는 소리 좀 고만 좀 하소, 좀!
그라믄 우리 희정이는 우야라꼬.
뭐 꽃도 한번 못 펴보고 죽으라꼬?!

남편

뭐 말이 그렇다는 기지 뭐 쉽게 망하긋나.
(딴청)
된장찌개 잘 끓이네…

아내

뱃속에 얼라가 들을까 무섭다 마.
애비라는 작자가 그래, 어?
고따구로 씨부리 쌓는데 아가 뭐 세상 밖으로 나오고 싶겠는교?!

남편

아휴. 참 미안타. 밥 좀 묵자 좀…

겸연쩍은 남편, 다시 밥술을 뜨는데…

쿵쿵. 밖에서 현관문 두드리는 소리가 들린다.

남편

누고? 에이 씨… 누군교?

로버트(소리)

(영어)

미스터 김, 로버트야.
Mr. Kim, it's Robert.

끼익— 남편이 문을 열면, 앞에 서 있는 미군
병사 둘.
로버트 블런트와 지미 월터즈.
화들짝 놀란 남편, 서툰 영어가 튀어나온다.

남편

(영어)

미쳤어? 내가 집으로 오지 말랬지!
Are you nuts? I told you not to
come to my house!

로버트

(영어)

미스터 김, 우리 다음 주에
미국으로 돌아가.
옛정을 봐서 오늘 딱 한 번만 부탁해.
대신 값은 두 배로 줄게.
Mr. Kim, we're going back to the
States next week.
For old times' sake, let me have it

just this once.
I'll pay you double.

남편

(영어)

두 배? 들어와.
Double? Come on.

잠시 주저하던 남편, 들어오라고 손짓한다.
"컴온!"
남편을 따라 안으로 들어서던 미군 병사들이
놀란 아내와 마주친다.

아내

미쳤나? 이것들을 와 집으로 부르노?

남편

내가 부른 거 아이다… 점마들이
찾아온 기지.

이때, 따르릉— 전화벨이 울리고… 다가가 수
화기를 드는 남편.

남편

여보쇼?

상대방 말을 듣다… 급하게 볼펜을 집어 드는
남편, 신문지 귀퉁이에 뭔가를 적는다.

남편

알겠십니더. 그라믄 내일 보입시더, 예.

전화를 끊는 남편. 아내에게 속삭이듯 말한다.

남편

값을 두 배로 쳐준다 안 하나…
주고 보내뿌자.
퍼뜩 가꼬 온나. 가꼬 온나, 빨리.

남편의 보챔에 방으로 들어오는 아내.
아이가 잠들어 있는 안방에 숨겨진 금고 문을 연다.
철컥— 금고 문이 열리면… 안을 가득 채운 돈다발과 금괴, 그리고 히로뽕.
한쪽으로 모아놓은 금반지, 손목시계 등 귀금속들도 보인다.
히로뽕 한 봉지를 꺼내는 아내, 금고 문을 닫고 거실로 나간다.
곧이어, 평온하게 잠든 아이의 모습과는 달리 거실에서 들려오는 괴소음.
아내의 비명 소리가 울려퍼진다.

2. 주택가 골목 / 가정집 / 밤

추적추적 비가 내리는 주택가 골목.
주변을 통제하는 경찰들, 기웃거리는 동네 사람들로 어수선한 분위기다.
비를 맞으며 골목을 걸어가는 한 남자…

경계 중인 경찰에게 신분증을 보여주는 남자, 건영이다. 현장으로 들어가는 건영.

(점프)

거실 바닥에 말라버린 검붉은 피 웅덩이…
두 눈을 의심할 만큼 엄청난 양의 피가 바닥에 넓게 퍼져 있다.

수사관1

검사님, 조심하이소.

이불로 덮여 있는 시체를 바라보는 건영. 처참하게 살해당한 부부의 시체가 보인다.
피 묻은 이불 밖으로 삐죽 나와 있는 부부의 발. 피에 젖은 양말이 꾸덕꾸덕 말라가는데.

김계장

오셨습니까. 피해자는 부부인데요.
남편 김태영 29세, 부인 이순이 26세.
세 살 먹은 딸내미가 하나 있고
부인이 임신 중이었습니다.
아, 그리고 이거…

말 없는 건영에게 군번줄 하나를 건네는 김계장.
건영이 군번줄을 확인해보면, 인식표에 박힌 이름, 'Robert Blunt'.

김계장

미군이 신병 확보했고 자백도

다 받았답니다.

건영

일단 데리고 나가죠, 애부터.

김계장

마땅히 갈 데가 없어가지고, 애 외삼촌이
지금 오고 있는 중이랍니다.
비가 와서 그런가 피비린내가 진동을
하네…

김 계장이 투덜거리며 밖으로 나간다.
피를 따라 시선을 옮기는 건영, 피 묻은 전화
기와 신문에 시선이 잠시 머무른다.
안방에서 젖병을 물고 나오던 어린아이가 건
영을 바라본다.
건영이 물끄러미 아이를 보면, 아이는 엄마,
아빠가 죽었는지도 모르고… 그저 건영을 빤
히 바라볼 뿐이다.

건영(NA)

이 아이의 부모는 마약 딜러다.
히로뽕을 공급받아, 일반 소비자들에게
판매하는 중간 판매책.

3. 주택가 골목 / 차 안 / 밤

아이를 안은 건영이 집 밖으로 나온다.
현장을 기웃거리며 쑥덕대는 동네 사람들.

건영(NA)

누구보다 평범해 보이는 그들은
미군들에게 약을 팔다 살해당했다.
미군 병사들은 히로뽕 중독자였다. 애당초
그들에겐 돈이 없었다.
돈이 없으니 훔칠 수밖에. 한번 뽕에
맛을 들이면 눈에 뵈는 게 없다.
분명 이 아이의 부모를 죽일 때도
그랬을 거다.
남의 목숨보다, 자신들의 욕망이
더 중요하다고 선택한 것이다.

(점프)

비 내리는 차 안. 차창 너머로 구급차에 실리
는 부부의 시신이 보이고, 뒷자리에 아이와
나란히 앉은 건영.
아이는 여전히 젖병을 입에서 놓지 않는다.

건영(NA)

이 아이의 이름은 김희정. 앞으로
죽은 부모 대신, 지금 물고 있는 젖병에
의지해서 살아야 할 것이다.
나중에 커서 이 아이는 지금을 기억할까?
사람들은 시간이 약이라고 한다.
시간이 지나면 다 괜찮아진다고.
하지만 이 아이는 평생 지금을
기억할 것이다.
젖병을 물고 있는 자신의 얼굴을.
마약을 팔다가 목이 잘린 부모의 얼굴을.
방 안에 진동하던 피비린내를.

젖병을 더욱 세게 빨아대는 아이가 눈에 밟히
는 건영.

건영(NA)

세상에 신이 있다면, 이 아이의 영혼을
'개의 힘'에서 구하소서.

4. 타이틀 시퀀스

음악과 함께 시작되는 타이틀 시퀀스.

"MADE IN KOREA"

5. 부산지검, 복도 / 계단 / 마약 수사반 / 오전

양손에 가방과 보따리를 들고, 복도를 지나
지하로 향하는 계단을 내려오는 건영.
마약 수사반 팻말이 붙어 있는 사무실로 향
한다.
소파에 앉아 바둑을 두는 차장검사와 김 계장.

수사관

오셨습니까.

차장검사

(건영의 짐 보고)

그거 뭐야?

건영

자료 놓고 온 게 있어서 집에 좀
다녀왔어요.

이때, 양말 속으로 쑤셔 넣은 건영의 바짓단이
차장검사의 눈에 들어온다.

차장검사

자전거 타고 왔냐?

건영

예.

(수사관들 보며)

밥들 먹었나?

수사관

예, 먹었습니다.

차장검사와 바둑을 두고 있던 김 계장, 돌을
놓고.

김계장

아다립니다.

건영

나 짜장면 하나 시켜줘요. 곱빼기로.

수사관

예.

방으로 들어온 건영을 뒤따라 들어오는 차장
검사.

차장검사
장검 너, 공안 수사는 안 한다며.

건영
예.

차장검사
그럼, 마약 수사나 제대로 하지 공안
사건은 왜 기웃대?

건영
어, 그, 제 사건 피해자랑 관련이 있어서
조사 좀 해봤습니다.
중정 뿌락지라고 뽕쟁이 아니라는
법 없잖아요.

차장검사
장검. 서울지검에서 우리가 처음 봤을 때
내가 부부장이었고 넌 평검사였어.
그지? 그리고 내가 부장 달고 광주지검
있을 때 넌 평검사였어.
그리고 여기 차장 달고 부산지검으로
내가 발령받았잖아?
그런데 넌 또 평검사야. 니 동기들
다 부부장 달고 부장 보고 있는데,
넌 언제까지 평검사로 팔도 유랑하면서
살 거냐고!

건영
그, 힘닿는 데까지 열심히 해봐야죠, 뭐.

차장검사
그러니까 니가 진급을 못 하는거야, 꽉
막혀서. 유도리가 없잖아.
평소에 위아래도 좀 살피고. 야, 조직이
뭐냐! 응?

건영
조직이 일하는 곳이죠, 예. 제가 할 일이
남아서 일 좀 하겠습니다.

차장검사
장검. 중정 건드리지 말라고. 걔들이랑 각
세우면 우리만 피 본다고!

건영
예. 잘 새겨듣고, 열심히 하겠습니다.

차장검사
하려면 확실하게 하든가. 아니면 정말
피 본다 너, 알고 있지?

건영
예. 알고 있습니다. 피 보면 안 되죠,
일하면서.

차장검사
어휴, 누가 널 말리겠냐.

(나가면서)

야! 환기 좀 시켜라! 냄새가…
불도 좀 켜라. 어두컴컴한 게 이게 너
구리 소굴도 아니고! 나 간다고!

수사관

들어가십시오!

차장검사가 밖으로 나가면, 김 계장이 형광등
을 켜는데.

건영

꺼요, 불!

다시 형광등을 끄는 김 계장. 어두컴컴한 데
서 서류를 꼼꼼히 살피는 건영.

건영

아이고, 칙칙하니 좋잖아요. 짜장면
시켰나?

수사관

예.

6. 부산 중정, 황 국장의 집무실 / 오후

말없이 기태를 노려보는 황 국장.

기태(NA)

나의 직속 상관 황국평 국장. 부산

중앙정보부의 총책임자.
그의 말 한마디에 부산이 움직인다.

황국장

그건 그렇고, 조만재, 야쿠자하고 뽕을
거래한다는 이야기가 있더라?

기태

알고 있습니다.

황국장

알고 있다?

기태

예.

기태(NA)

그 뽕이 내가 비행기에 실어 평양으로
날려 보낸 만재파 뽕이다.

(인서트)

과거. 부산 내항 부둣가

기태에게 깍듯하게 인사하는 조만재. 차 트렁
크를 보는 기태.

기태(NA)

부산 최대 조직폭력배, 만재파.

(인서트)

과거. 부산항 공터

밧줄에 묶인 트렁크 안 남자와 구타당한 흔적.
들고 온 서류에 강제로 남자의 지장을 찍는
대일.
그런 대일을 뿌듯하게 보는 조만재.

기태(NA)

황국장의 비호를 받아 급속도로 성장했고,
매달 수익의 30%를 황 국장에게,
다시 말해, 중정에 고스란히 상납한다.

(인서트)

과거. 부산 이곳저곳

만재파 조직원들이 부산 이곳저곳에서 히로
뽕을 판매한다.
히로뽕에 중독된 사람들의 모습이 처참하다.

기태(NA)

만재파가 온갖 범죄로 지하경제에서
끌어내는 수익이 자그마치 백만 불.

(인서트)

과거. 부산항 공터

대일이 기름을 붓고 불을 붙이자 금세 타오르
는 차.

기태(NA)

이쯤 되면 부산 경제를 주무른다고
할 수 있다.

제2화 개의 힘

(점프)

다시 부산 중정. 굳은 표정으로, 황 국장의 눈
을 똑바로 마주하는 기태.

기태

제 선에서 정리하려고 했습니다.

황국장

부산지검에 장건영 검사라고,
조만재 잡겠다고 지금 아주 독이
바짝 올랐단다.
맨손으로 무장 공비를 때려잡고 화랑
훈장을 받은 해병대의 전설이신데다가
윗선 눈치라고는 눈곱만치도 안 보는
그런 안하무인적 인간이라고 그러던데.
어떻게 정리하실 거예요? 백 과장님?

안경 너머로 보이는 황 국장의 눈빛, 날카롭게
번들거린다.

기태

걱정 마십시오. 제 선에서
정리하겠습니다.

7. 부산 중정, 사무실 / 오후

집무실 밖으로 나와 걸음을 옮기는 기태. 기다란 복도를 따라, 양쪽으로 여러 개의 방이 늘어섰다.

걸어가던 기태, 방문 하나를 열면, 헤드폰을 끼고 도청 내용을 받아 적고 있는 이 주임.

기태의 등장에 일제히 하던 일을 멈추고 일어서는 사무실 안 중정 요원들.

기태

나가서 담배들 한 대 피우고 오지.

다른 중정 요원들을 내보내고 이 주임과 마주 앉는 기태.

기태

앉아. 별일 없었어?

이주임

예. 별일 없었습니다.

기태

그 부산지검에 장건영 검사에 대해서 좀 알아봐.
출신 성분, 가족, 친척, 친구, 성격, 뭐…
뭐가 됐든 머리털 하나 놓치지 말고,
장건영이랑 관련된 거 몽땅 털어서 내 앞에 갖다놔.

이주임

알겠습니다.

8. 미군 부대, 체육관 / 오후

벌컥! 문을 밀치고 들어오는 건영과 김 계장.
건영이 어딘가를 황당하게 바라보면, 마약상 부부를 살해한 로버트 블런트와 지미 월터즈가 농구를 하고 있다.

법무관

(영어)

만나서 반갑습니다. 법무관 존 에반스입니다.
그냥 존이라고 부르세요.
Nice to meet you. John Evans.
Just call me John.

건영

(영어)

알겠어요. 저 새끼들은 뭐 하는겁니까?
Okay, John. What are bastards do here?

법무관

(영어)

운동이요. 하루 한 시간.
Exercise. One hour per day.

건영

(영어)

살인자들한테도 인권은 있다?

The murderers have rights, too?

법무관

(영어)

한국은 없습니까?

Don't they in Korea?

(점프)

시간 경과. 벤치에 앉아 있는 로버트와 지미.
그들과 마주 선 건영, 병사들의 얼굴을 빤히
쳐다본다.

법무관

(영어)

빨리 끝냅시다. 검사님.
살인 혐의와 관련해선
이미 한국 경찰 측에 충분히
진술했으니까.

Let's get done with this quickly.
We've already provided enough
information with the police
regarding their cases.

건영

그건 그거고 임마.

고압적인 자세의 법무관을 무시하며 한국어
로 구시렁대는 건영.
가방에서 신문을 꺼내 병사들 앞에 내놓는다.

건영

(영어)

봐. 여기 구석에 보면 뭐라고 써져 있지?

Look. In the corner. Here.

Something written?

병사들이 신문 귀퉁이를 흘끔 보면, '범천동
쎄라비 다방 18시 1kg'이라고 갈겨쓴 글씨.

건영

(영어)

니들이 죽인 남자 기억하지?
그 남자가 전화기 안에서 쓴 거야.
아니, 통화하면서 쓴 거야. 니들이
그 집에 있을 때 전화가 왔었나?

Remember the man you killed?
He wrote it down when he was
in the phone.
아니, on the phone. Any phone call
when you… in the house?

로버트

(영어)

미스터 김이 전화를 받았고 뭔가를
신문에 적었습니다.

Well, Mr. Kim picked up the phone and
wrote something down on the paper.

건영

(영어)

근데 여기 보면 날짜가 없어.
시간과 장소만 있어.
거래가 분명한데, 마약 거래.
혹시 들은 거 없어?
Okay, but if you look at it, there is no
date. Only the time and place.
It's a deal. A drug deal.
Is there anything hear about it?

법무관

(영어)

이들은 한국말을 못 합니다. 들었다 해도
무슨 뜻인지 몰라요.
These guys cannot understand Korean.
Even if they heard something, they
wouldn't know what it meant.

건영

알아, 아는데 물어봤어. 혹시나 하고.
그래도 한국말 몇 마디는 할 줄 알아야지,
한국에 왔는데.
아, 이 예의 없는 새끼들…

법무관

(영어)

뭐?
What?

건영

(영어)

그래. 지금부터 니들 내가 하는 말
똑바로 들어.
나한테 협조 잘하면 내가 니들
감형받게 해줄 수도 있어.
그럼, 몇 년 내로 본국 송환될 수도 있고
혹은 아예 미국에서 형기를 살게
해줄 수도 있다고.
알겠어? 거래야. 거래라고!
Okay. Now You listen carefully.
Hm! What I say.
If you cooperate with me, I may be
able to cut down your sentence.
Then you can be send back to your
country in a few years
or I could even let you serve your
sentence in the States.
Understand? It's a deal. It's a deal!

건영의 말에 동요하는 로버트와 지미, 법무관
의 눈치를 살피더니…

지미

내일 봅시다.

툭 한국말을 내뱉는 미군 병사. 제법 능숙한
말투다.

지미

미스터 김이 '내일 봅시다', 말했어.

법무관

(영어)

너 한국말 할 줄 알아?

You speak Korean?

지미

(영어)

여자 친구가 한국 사람이야.

My girlfriend is Korean.

건영

(영어)

내일?

Tomorrow?

확실해?

지미

(영어)

내일.

Tomorrow.

확실해.

건영

(영어)

잘했어.

Good job.

자리를 떠나려다 다시 뒤돌아 미군 병사들을 보는 건영.

건영

(영어)

그런데 니들이 죽인 여자, 이순이.

임신 중이었다.

By the way, woman you killed,

Lee Soon-Yi. She was pregnant.

9. 부산지검, 마약 수사반 / 오후

긴장감이 흐르는 마약 수사반 사무실.

건영의 브리핑에 수사관들이 일제히 집중한다.

건영

어젯밤 살해당한 히로뽕 중간 판매책

김태영, 이순이 부부가

오늘 저녁 18시 범천동 다방 쎄라비에서

상선과 마약 거래가 예정되어 있다는

첩보를 입수했습니다.

상선이 아직 부부의 죽음을 모른다는

추측하에 약속 장소에 꼭 나타날 것이고,

우리는 부부로 위장한 수사관이

현장에 있다가 상선이 나타나는 즉시

검거할 겁니다.

건영, 칠판에 적힌 '다방 쎄라비'의 위치를 설명하며 브리핑을 이어간다.

(점프)

낡은 보스턴백에 지폐 뭉치를 집어넣는 김 계

장. 그때 예진이 들어온다.

예진

저 왔는데에.

김계장

어, 미쓰 오.

(건영 부르며)

저 검사님, 여기 그 부인 역할 할
미쓰 오.

누워서 수사 자료를 보던 건영. 일어나 예진
쪽으로 다가온다.
꾸벅 인사하는 오예진. 단단하고 야무진 인상
이다.

예진

예, 안녕하십니까. 저 이번에 새로
발령받은 오예진이라 캅니다.
오늘 부인 이순이 역할을 맡았습니다.

건영

예, 잘 부탁합니다. 오 수사관.

건영이 '오 수사관'이라고 부르자, 순간적으
로 눈썹을 움찔하는 예진.
신기하다는 듯 건영을 흘끔대다 얼른 표정을
감춘다.

건영

근데 그, 남편은요?

김계장

예. 접니다.

김 계장과 예진을 번갈아 보며, 모호한 표정을
짓는 건영.
누가 봐도 부부처럼 보이지 않는 두 사람이다.

건영

다시 골라야 되겠다… 남편…

예진

(끄덕)

좋은 생각인 거 같십니다.

김계장

아니, 왜? 뭐가?

건영

자, 주목!

주변의 수사관들이 건영의 부름에 일제히 돌
아본다.

건영

자, 여기서 남편 한번 골라봐요.

김계장

뭐, 없는데…

마땅치 않은 듯 미간을 찡그리다… 문득 건영의 얼굴이 눈에 들어온다.
자신도 모르게 빙긋, 입가에 미소를 띠는 예진.

건영

왜요?

10. 지하상가, 다방 쎄라비 / 저녁

지하상가를 빠른 걸음으로 걸어가는 건영과 예진.
문을 열고 다방으로 들어서는 건영과 예진.

여종업원

어서 오이소.

대여섯 개의 테이블이 놓인 작은 실내. 바 쪽 테이블에 앉는 건영과 예진.
따르릉— 전화벨이 울린다. 전화를 받는 여종업원.

여종업원

네, 쎄라빕니다.

상대방 말을 듣고, 건영을 쳐다본다.

여종업원

김태영 씨?

건영

예.

수화기를 건네받는 건영.

대일(소리)

57번 버스 타고 면학리역에서 내리소.

11. 도로, 김 계장 차 안 /
달리는 버스 안 / 밤

시골길을 달리는 버스.
계장과 수사관들이 차를 타고 앞에 보이는 버스를 쫓아간다.

김계장

너… 너무 빨라 지금! 지금! 좀…
속도 줄여요, 줄여!

(점프)

뒤쪽 좌석에 나란히 앉은 건영과 예진. 긴장한 예진, 연신 마른침을 삼킨다.

예진

잘 따라오고 있겠지예.

건영

자연스럽게 행동하세요. 긴장하지 말고.

예진

예. 그라믄 지 뭐 하나만 여쭤봐도
됩니까?

건영

예, 뭡니까?

예진

그게… 뭐 영감님은 태어날 때부터
그래 잘생겼습니까?

건영

지금 긴장 풀려고… 나 꼬시는 겁니까?

예진

어데예. 아이 지 같은 기.
영감님이랑 무슨 므… 떡 줄라는
사람 생각도 안 하는디 김칫국부터
들이마실라고예.
미쳤는갑다. 긴장을 해가 말이 막 나오네.
근데 아까부터 궁금하긴 해가…
…아입니다. 죄송합니다.

당돌했다가, 소심했다가… 종잡을 수 없는 예
진의 태도.

건영

그, 듣자 하니까 사법 고시 쳤다면서요.
부산 법대 나와서.

예진

아, 예…

건영

올해도 볼 겁니까?

예진

그기 뭐…

건영

포기하게요?

예진

시험 붙어봤자 뭐, 여자는 검사로
안 뽑아준다 아입니까.
한국에 여자 검사 아직 한 명도 없십니더.

건영

거 왜 되고 싶은 건데요, 검사는.

예진

음… 영감님은 와 검사가 됐십니꺼?

건영

…

12. 몽타주: 상선 / 밤

어둠 속 차 안. 운전석에 앉아 있는 사내가 라디오를 켠다.
알 수 없는 사내의 뒷모습… 창밖을 주시하면, 멀리 보이는 버스 정류장…
인적이 없는 시골 마을에 덩그러니 선 정류장에 버스가 도착하고… 건영과 예진이 내린다.

(점프)

김 계장 차 안, 멈춘 버스에서 내리는 건영과 예진을 발견한다.

김계장

영감님 내리셨어요. 자 일단 계속 갑니다, 우리는.

수사관1

예. 알겠십니더.

김계장

둘이 부부 같아요?

수사관1

예. 잘 어울리는데.

(점프)

버스 정류장. 예진에게 어색하게 어깨동무를 하는 건영.

건영

뭐가 좀 보여요?

예진

깜깜해가 아무것도 안 보이는데요.
아 맞다. 영감님 안경 벗어가 아무것도 안 보이지예.

건영

지금 오 수사관이 내 눈입니다.
잘 좀 보세요.

예진

예.

그때, 헤드라이트 불빛을 켜고 버스 정류장 쪽으로 다가오는 차 한 대.

예진

(긴장한 듯 말 더듬고)

저… 저 차, 저 차… 저거다.
저저저저, 점마다.

차를 보고 당황해 하는 예진을 진정시키는 건영.

건영

주머니에 손 넣고, 힘 빼요. 작대기 같잖아, 꼭.

예진

예.

승용차 운전석의 차창이 내려가고, 한 사내가
얼굴을 내밀어 건영과 예진 얼굴을 확인한다.
뒷자리에 올라타는 건영과 예진, 곧바로 출발
하는 승용차.

13. 달리는 차 안 / 도로 / 밤

라디오에서 잔잔한 음악이 흐르고… 룸미러
를 통해 사내의 얼굴을 관찰하는 건영.

건영(NA)

익숙한 얼굴이다. 누구지?

예진

뽕부터 보입시다!

예상치 못한 예진의 멘트에 당황한 얼굴의
건영.

대일

돈부터 보입시다.

건영, 사내에게 가방을 열어 돈을 보여준다.
가방 속을 확인한 사내, 콘솔 박스에서 히로뽕
을 꺼내 뒷자리 건영에게 건넨다.

예진

어… 이거 좋… 좋네예. 뽕이 좋네예…

히로뽕을 받아 확인하는데, 라디오에서 나지
막이 흘러나오는 뉴스.

앵커(소리)

어젯밤 해운대에서 벌어진 끔찍한
부부 살인사건의 범인이 이들과
평소 히로뽕 거래를 해오던
미군 병사들인 것으로 밝혀졌습니다.
사건 당시, 피해자인 김모 씨
부부의 어린 딸 역시 현장에 있었던
것으로 밝혀져, 더욱 큰 충격을
주고 있습니다.
부산 해운대 경찰서는 용의자들이
금전적 갈등 끝에 흉기를 사용해 범행을
저질렀을 가능성에 무게를 두고 수사를
진행 중입니다.

순간, 룸미러를 통해 뒷좌석의 건영과 예진을
쏘아보는 사내.
건영은 사내의 시선을 피하지 않는다.

대일

느그 뭐고?

건영(NA)

이 새끼, 생각났다, 누군지.

웃음을 터트린 건영. 당황한 예진도 어색하게
따라 웃는다.

예진

자기야.

대일

뭐고 돌았나? 돌았나, 뭐고 느그?

예진

우리보고 뭐냐고… 우짜노.

대일

미칫나, 뭔데 씨발.

앞 좌석 쪽으로 몸을 내미는 건영.

건영

강대일 맞지? 만재파 부두목!

슬며시 칼을 꺼내 드는 대일, 순간 대일의 낭
심을 움켜쥐는 건영!

(점프)

휘청이며 아슬하게 달리는 차.

(점프)

끼이익— 차가 휘청하더니 도로 가드레일을
받으며 멈춰 선다.
잽싸게 차 밖으로 튀어나오더니, 냅다 도망을

치는 강대일.
빠르게 차에서 내린 예진, 숲속으로 달려 들어
가는 대일을 뒤쫓는다.

예진

야 어디가! 야! 이 개새끼야! 야! 서라고!

뒤집힌 몸을 뒤늦게 일으켜 두 사람의 뒤를 쫓
아 달리는 건영.

건영

야! 이 새끼야! 야! 거기서! 새끼야!

14. 숲속 / 밤

가쁜 숨을 내쉬며 대일을 쫓아 달리는 예진.

예진

잡았다! 일로 와! 아! 아파…

대일을 붙잡으려다, 뿌리치는 손에 넘어지고
마는 예진.

건영

오 수사관! 거기 그대로 있어요!

건영은 그런 예진을 아랑곳하지 않고 계속 대
일을 쫓아 달린다.
벌떡 일어나는 예진, 역시 무서운 속도로 쫓아
가는데…

예진

니 죽었다 오늘. 일로 온나!

(점프)

산비탈을 올라가는 대일과 건영.

건영

이 개새끼야! 야! 너 거기 안 서! 야! 어딜
그렇게 기어 올라가!
야 이 새끼야! 아 저 개새끼, 저 씨발새끼
저거…!

순식간에 건영을 추월해 달리는 예진. 엄청난
속도로 대일을 쫓는다.

건영

오 수사관!! 오 수사관, 거기 서요!!

대일

(돌아보며)

이 씨발. 와 이리 빠르노, 에이 씨발…

점차 멀어지는 대일과 예진의 모습.

건영

아이 씨, 진짜 미치겠네…

(점프)

사라진 대일을 추격하는 예진.

예진

어디 갔어? 아이 씨발.

손바닥에 침을 뱉어 방향을 점치는 예진. 침
이 날아간 방향으로 달리기 시작한다.

예진

디졌어. 이 개새끼…!

15. 숲속, 무덤가 / 밤

가쁜 숨을 내쉬며 무덤가에 도착한 대일.

건영

오 수사관!! 오 수사관!!

대일

아이 씨발. 가스나 씨발 존나 쩨네,
씨발로미.

건영

오 수사관, 오 수사관… 아 이 새끼 어디
갔어, 이거… 어, 이 새끼 이거…

대일이 앉아서 한숨 돌리려던 그 순간, 들리는
건영의 목소리.
살금살금 무덤을 방패 삼아 숨는 대일.

건영

야 너 성묘 왔냐, 이 새끼야? 거기서 뭐

084

해, 대가리 처박고.

대일

아휴 씨…

건영

야! 너 이리 나와. 앉아봐… 아휴 씨발,
잠깐 얘기 좀 해. 응?
아이구 힘들다, 씨발…

대일

아휴 씨발, 잘 뛰네.

건영

우리 오 수사관 어딨어?

대일

오 수사관 씨발 여 있다!

순간 잭나이프를 꺼내 드는 대일.

건영

이 새끼 칼이 또 있네.

순간 대일이 잭나이프를 꺼내 들고 건영을 향해 돌진한다.

대일

자자자, 잠, 잠만!

건영

왜?

건영

너 일로 와! 일로 와! 이 새끼야!

건영

일로 와!

건영

너 이제 그만해, 이 새끼야!

간신히 칼을 피하는 건영, 대일을 잡아 유도 기술을 건다.
한데 뒤엉킨 두 사람. 치열한 몸싸움이 벌어 진다.
건영의 유도 기술에 나가떨어진 대일, 일어서 며 품에서 또다시 잭나이프를 꺼내 든다.

건영

이 새끼 칼이 몇 개야, 이거. 야,
이 새끼…

대일이 휘두른 칼에 팔을 베이고 쓰러지는 건영.

대일

개새끼야!

예진

야 이 새끼야, 어딜 도망갈라고! 이 새끼!

퍽! 어디선가 나타난 예진이 대일을 걷어차버
린다. 그대로 바닥에 나동그라지는 대일.
뒤이어 달려든 예진이 대일의 몸을 짓누르며
곧장 수갑을 채운다.

예진

이 새끼야, 어딜 도망갈라고, 이 새끼…

숨을 고르며, 다소 놀란 얼굴로 예진을 쳐다보
는 건영.

건영

오 수사관, 운동했어요?

예진

저희 아부지가 태권도 사범이라예.
(대일 붙들고)

가만있어라, 새끼야!

건영

터프하네요.

예진

쥐 박아뿔라…
(다시 건영 보며)

어데예? 보들보들합니다.

건영

다음부터 내가 시키지 않은 행동
절대로 하지 마세요.

예진

예, 알겠십니더. 일어나라!

16. 숲속 / 밤

수사관1

저쪽은 없습니다.

어두운 숲속, 손전등을 비추며 건영과 예진을
찾는 김 계장과 수사관들.

김계장

없어요? 없어?

수사관2

이짝이 아닌가본데예.

김계장

저기 가봐, 저 위로.

수사관2

예.

김계장

저기 한번 올라가봐.

수사관1

(소리치며)

검사님!! 영감님!!

김계장

영감님!!

17. 숲속, 무덤가 / 밤

멀찍이 서서, 건영과 대일을 쳐다보는 예진.
왠지 심상치 않은 두 사람의 분위기에 초조
하다.

건영

너 이번 건으로 들어가면, 못해도
10년이야.

대일

씨발 뽕 한번 팔았다고 설마
10년이나 받겠습니까.
내가 사람 죽인 것도 아니고,
한두 바퀴 돌면 나오겠지예.

건영

지랄하네. 만재파 넘버투가 식섭 약을
팔아? 왜 그랬을까? 응?

멀리서 듣다 불쑥 끼어드는 예진.

예진

뭐라카노!

건영

너 약 빼돌렸지, 조만재 몰래.
그걸 알면 조만재가 가만히 둘까, 널?
지 약을 몰래 빼돌린 넘버투를.

대일

씨발… 원하는 게 뭔데?

건영

잘 들어. 내가 말이야,
진짜 잡고 싶은 놈은 조만재야.
그러니까 너는 살 수 있다는 거지.
내가 시키는 대로만 하면.

대일

내보고 쥐새끼가 되라고? 걸리면 내만
좆될 게 뻔한데. 누구 좋으라고?

건영

아나 이 새끼 대가리가 빠가사리네, 이거.
너 이 새끼 대가리 안 돌아가?
시금 니 목줄 쥐고 있는 게
누군지 몰라? 응?
1키로 2키로 잔챙이들 말고, 10키로
이상, 만재가 직접 거래하는 거!
선택은 자유! 쥐새끼가 될지,
조만재 손에 죽을지.

예진에게 다가오는 건영.

건영

오 수사관, 열쇠!

예진

뭔 열쇠예.

건영

수갑 열쇠.

예진

…? 와예?

예진, 건영의 단호한 태도에 마지못해 열쇠를
건넨다.
열쇠를 받아, 곧장 대일의 수갑을 풀어주는
건영.

예진

(놀라)

어? 어…?!!

건영

가라, 가.

건영의 눈치를 살피며, 슬금슬금 뒷걸음질을
치는 대일.
몸을 돌려, 이내 부리나케 사라진다.

예진

어? 어어? 영감님! 지금 뭐 하시는
긴데예.

건영

풀어준 겁니다.

예진

와예?

건영

이 일, 오 수사관이랑 나랑 우리 둘만의
비밀이에요.

18. 부산 중정, 기태의 사무실 / 밤

건영의 신상 정보가 적힌 서류를 훑어보는
기태.

기태

어머니 죽고 아버지랑 여동생이
하나 있네.

이주임

예. 아버지 장명호는 지금 정신병원에
있습니다.

기태

정신병원?

이주임

오래 있었더라고요. 한 20년.

기태

왜?

이주임

알아보고 있습니다.

기태

여동생은?

이주임

장혜은. 25센데, 경기도에 있는
염색 공장에서 일하고 있습니다.
별문제는 없어 보이고요.

기태

주변 관계 더 알아보고, 쓸 만한 거
있으면 보고해.

이주임

알겠습니다. 그리고 저번에 말씀하셨던
이케다 유지 말인데요.

기태

알아봤어?

이주임

본명은 최유지. 재일 동폽니다.

기태

재일 동포?

이주임

예. 부모가 열세 살 때 다 죽었는데,
그때 이케다 회장이 수양딸로
삼았답니다.
이케다 회장의 신망도 크고 조직에서
영향력이 대단하답니다.
그만큼 견제도 심하구요.

기태

(중얼)

최유지…

(인서트)

과거. 이타즈케 공항, 인근 도로

차 안에 탄 유지에게 인사를 건네는 기태.

기태

(일어)

또 만나요.
また会いましょう。

(점프)

유지와의 첫 만남을 회상하던 기태.
건너편 사무실에서 자신을 지켜보는 표 과장
을 발견한다.

기태

이 새끼 봐라.

표 과장을 향해 가벼운 손 인사를 하는 기태.

이주임

근데 최유지는 뭐 땜에 그러십니까?

순간 이 주임을 보는 기태의 눈빛이 살벌해진다.

이주임

죄송합니다.

기태

최유지라…

이주임

저… 아까 과장님 안 계실 때,
백기현 씨한테 전화가 왔었습니다.

기태

뭐라는데.

이주임

어머니 제삿날에 맞춰서 오늘 오겠다고
합니다.

기태

못 올 거 같다더니.

이주임

군인이라고 하셨죠?

기태

육사 수석이다.

이주임

육사 수석이면 별 다는 건 시간문제
아닙니까?

기태

별, 달아야지. 몇 개가 달릴지가 문제지.

19. 부산, 달동네 / 저녁

비탈길을 올라가는 기현. 말끔한 정복 차림
이다.
그런 기현을 부르는 기태.

기태

어이, 백기현이!

20. 기태의 집, 거실 / 마당 / 밤

거실 마루에 차려진 제사상.
검정 양복 차림의 기태와 막냇동생 기현이 향
을 피우고 잔을 올린다.
기현이 따라주는 술잔을 받아 상 위에 올리는
기태.
둘째 백소영은 함께 큰절을 올리는 두 형제를

애틋하게 지켜본다.

(점프)

시간 경과. 찬을 가지고 나와 밥상에 올리는 소영. 소영이 자리에 앉자, 숟가락을 드는 기태.

기태

먹자.

기현

잘 먹겠습니다.

소영

엄마 가셨을 때가 기현이 국민학교
1학년인가, 2학년인가 그랬는데…
세월 참 빠르다, 오빠. 그치?

기태

군 생활은 어때? 할 만해?

기현

할 만합니다.

기태

뭔 일 있냐?

기현

뭔 일 좀 있으면 좋겠습니다.

기태

전방에서 철책만 보려니 따분하지.

기태, 지갑에서 명함 한 장을 꺼내 건넨다.

기태

보안사에 자리 나는 대로 알려줄 거야.
너 육사 졸업하고 나서 보안사 가고
싶어했잖아.

기현

제가 알아서 하겠습니다.

기태

이럴 때 써먹으라고 형이 있는 거다.
안 그냐, 소영아.

소영

그치. 근데 기현이도 이제 다 컸으니까…
기현이 생각도 중요하지…

기태

받아둬. 너 말고도 그 명함 받은 놈들
쌔고 쌨을 거다. 형이 말했지.
어차피 돈 있고 빽 있는 놈들이 다 해먹는
세상이라고.

소영

그건 그래. 부모도 없고 빽도 없으면
진짜 서러운 세상인데,

돈 있고 힘 있으면 또 금방
살 만해지는 게 웃기다니까?

기현

형님. 제가 알아서 하겠습니다.

기태

그래, 나중에 필요하면 얘기하고.

21. 부둣가, 포장마차 / 밤

철썩철썩— 파도 소리가 아스라이 들려오는
항구의 포장마차.
건영과 예진, 따끈한 우동에 소주 한잔을 기울
이고 있다.

예진

그… 강대일이를 뿌락지로 써가
조만재를 잡겠다는 심산이지예?

건영

예.

예진

근데 강대일이가 협조를 안 하고
날라삐면 그땐 우짭니까?

건영

내가 시키는 대로 할 수밖에 없어요.
지가 살려면.

예진

우예 그래 확신하십니까?

건영

강대일 그놈, 지 보스 몰래
약 빼돌린 놈입니다.
이인자로는 절대 만족을 못 한다는 거죠.

예진

그게 무슨…

건영

약속을 했거든요. 내가 강대일이를
조직의 일인자로 만들어주겠다고.
내가 조만재를 잡으면 강대일이가
조직의 일인자가 되는 겁니다.

예진

그라믄 조만재는 잡고, 강대일은
진짜로 그냥 놔주실라고예?

건영

만재부터 잡고, 강대일이도
잡아넣어야죠.

담배를 물고 불을 붙이는 건영. 후— 연기를
내뿜는다.

예진

영감님.

093

건영

네.

예진

알랑 드롱 아시지예?

건영

알랑 드롱은 갑자기 왜요?

예진

그 영화에서 보면은,
알랑 드롱이 잘생긴 얼굴로
냉혹하게 사람들을
막 죽이삔다 아입니까.
그라고 나서 그래 담배를
이래 입에 물고,
(담배를 문 건영 가리키며)

딱 그래 그래!! 후~
그 영화를 볼 때마다 이상하게
내 마음이 막 설레는 기…
영감님 알랑 드롱 닮았다는 얘기
많이 듣지예?

건영

쓸데없는 얘기 그만하고
이 사진이나 좀 봐요.

사진 한 장을 꺼내, 예진에게 건네는 건영. 조만재와 기태가 만나고 있는 사진이다.

건영

거기 조만재 옆에 있는 이 사람.

예진

이 조만재가 이 사람한테 억수로
굽신대고 있는데예.
조만재 뒷배라도 되는 깁니까?

건영

조만재를 잡으면 알겠죠. 그자가
누군지.

예진

(기태 사진 보고)

이야… 알랑 드롱이 여도 있네.

건영

그, 오 수사관 눈에는 알랑 드롱이
몇 명이에요, 도대체?

예진

지 눈에는 마 한 명뿐이지예. 짠~

22. 부둣가 / 오후

건영이 자전거를 타고 오면, 길가에 정차한 승용차 운전석에 대일이 앉아 있다.
건영이 승용차 옆으로 멈춰 서면, 대일이 건영에게 쪽지를 건넨다.
'9일 20시 부산호텔 611호'. 쪽지를 받아서 사

라지는 건영.

23. 부산지검, 마약 수사반 / 오후

따르릉— 마약 수사반에 울리는 전화벨 소리.

김계장

미쓰 오, 전화.

신문을 보는 김 계장. 잡일을 하던 예진을 부른다. 전화를 받는 예진.

예진

예, 여보세요.

남자(소리)

중국집이지예?

예진

여 중국집 아인데요.

남자(소리)

미안합니데이.

예진

뭐고 씨, 번호가 이상한가.

김계장

왜?

예진

아니, 전화가 자꾸 잘못 걸려와서요.
아깐 뭐 목욕탕 아니냐고 묻드만은
요상하네.

김계장

밥 먹으러 갑시다.

수사관들

예.

김계장

아이고~ 오늘은 또 무엇을 먹어야 하나.

수사관1

아, 배고프다.

수사관2

돼지국밥 묵을까예?

수사관1

어제 묵웃짜나.

수사관2

아, 맞네예.

수사관1

백반 어떻습니까? 백반?

김계장

그걸로 하시지요.

예진

같이 가이소. 짜장면 어때예?

수사관들이 나가고 잠시 후, 텅 빈 사무실에 다시 전화벨이 울린다.

24. 몽타주: 침입자 / 오후

평범한 상가 건물 사무실. 책상 앞에 앉은 이주임, 전화를 걸고 있다.
상대방이 받지 않자, 수화기를 내려놓는다.

이주임

안 받습니다.

자리에서 일어나 사무실을 나가는 기태, 기태를 따라 나가는 가방을 든 중정 요원들.

(점프)

부산지검 청사.
도착하는 차에서 내리는 기태와 요원들, 청사로 들어간다.

(점프)

계단을 내려오는 기태와 요원들.
마약 수사반 사무실 안으로 태연하게 걸어 들어간다.

(점프)

텅 빈 마약 수사반 사무실. 중정 요원들이 사무실 곳곳에 도청 장치를 심는다.
칠판 위, 만재파 관련 수사 자료들을 보는 기태.

기태

이 새끼들 봐라…

중정 요원들이 건영의 책상을 뒤지기 시작하는데, 굳게 잠긴 책상 서랍.
요원들이 특수 도구를 펼쳐놓고 건영의 책상 서랍을 딴다.
서랍이 열리자, 서둘러 안을 뒤지는 기태. 파일들을 뒤적이다 '만재파' 수사 자료를 찾아낸다.
자신과 조만재가 함께 찍힌 사진 한 장을 발견하는 기태.

(점프)

그 시각, 청사 로비로 들어서는 건영. 때마침 걸어 나오던 차장검사와 마주친다.

차장검사

장검. 밥 먹으러 가자.
조국일보 편집국장이랑 점심 하기로 했는데, 점심 안 했지?

건영

아이고, 저 지금 막 먹고 오는 길입니다.

096

차장검사

그래? 그럼 이따 내 방으로 와. 내 할 말
있으니까.

건영

예. 참! 저 오후에 피의자 조사로
바쁘니까 내일 오전에 찾아뵐게요.

차장검사

그래?

건영

예.

차장검사

(멀어지는 건영 향해)

야! 장검! 오라고!

(점프)

마약 수사반. 자료를 뒤지는 중정 요원들.

기태

철수해라.

기태의 명령에 가방을 챙겨 마약 수사반을 나
가는 중정 요원들.

(점프)

복도를 줄지어 나서는 중정 요원들과 스치는
건영.

25. 부산지검, 마약 수사반 / 오후

벌컥— 문을 열고 들어서는 건영. 느긋한 자
세로 난로를 쬐는 기태가 보인다.

건영

또 정신들 못 차리고 자료 널브러놓고
문도 안 잠그고,
밥들 드시러 가셨네요… 누구십니까?

기태

중앙정보부 부산 지부, 백기태라고
합니다.

건영(NA)

이자의 이름은 백기태.

(인서트)

과거. 포장마차

예진에게 조만재와 기태의 사진을 보여주는
건영. 사진 속, 조만재가 굽실거리는 상대, 기
태다.

건영

거기 조만재 옆에 있는 이 사람.

(점프)

굳은 얼굴로 기태를 쳐다보는 건영, 혼란스러
운 표정이다.

건영(NA)

중앙정보부라고?

건영

부산지검 장건영입니다. 근데 무슨 일로
중정에서 여기까지.
이유가 있을 거 같은데, 이렇게
주인도 없는 방에 떡하니 홀로 서 계시는
이유가…

기태

조만재 아시죠? 만재파 넘버원.

건영

예, 만재파.

기태

조만재 그만하고 덮으시라고
부탁드리러 왔습니다.

건영

수사를 중단하라? 중정에서… 검사한테?

기태

그런 뜻은 아닙니다.

(점프)

슬며시 걸음을 옮기며 칠판 위 붙어 있는 만재
파 수사 자료를 보는 건영.

건영

그 뭡니까? 이유나 한번 제대로
들어봅시다.

기태

조만재 부인이 재일 교포란 사실을
알고 계십니까?

건영

예.

기태

최근에 저희 쪽 정보에 의하면,
북조선과 깊숙이 관련이 있는 것으로
드러났습니다.

건영

아… 빨갱이랑 엮였군요?
(조만재 신상명세서를 떼어 보며)

이 조만재.

기태

만재파 히로뽕이 일본을 통해
북으로 들어간다는 첩보가 있어서,
우리 쪽에서 1년 전부터 공작을
치고 있었습니다.
제가 위장을 해서 조만재와
접촉도 했구요.

건영

그러니까 중정이 먼저 약을 쳤으니까,
난 빠져라?

기태

같은 공무원끼리 돕고 살아야지
않겠습니까? 다 나라를 위한 건데.

건영

오케이. 알았으니까 잘 부탁드립니다.
조만재, 이 빨갱이 새끼.

기태

이해해주신다니 고맙습니다.

건영

아유, 별말씀을요.

기태

부산에 오신 지 한, 두 달쯤 되셨죠?

건영

예, 그렇죠.

기태

서울 살다 오셔서 불편한 게 한둘이
아닐 텐데,
언제 저랑 회나 한 접시 하시죠.
제가 좋은 데로 모시겠습니다.

건영

아, 이 내가 날생선을 안 좋아해요.
그 언제 기회 되면 소주 한잔하시죠,
돼지국밥에.

기태

그것도 좋구요. 그럼 연락드리겠습니다.

성큼성큼 사무실을 가로지른 기태, 밖으로 나
간다.
조만재 신상명세서를 칠판에 다시 붙이며 호
탕하게 웃는 건영. 이내 웃음기가 사라진다.

건영

조만재가 빨갱이랑 엮였다고?
아이고… 얻다 대고 약을 치고 있어.
이 새끼가.

(점프)

휘파람을 불며 지검 건물에서 나오는 기태.
서둘러 차 문을 열어주는 이 주임.

기태

밥 먹으러 가자.

이주임

알겠습니다.

부산지검을 떠나는 기태 차.

불 꺼진 마약 수사반 안으로 들어오는 예진.

예진

아, 영감님 안 오셨네…

건영

꺼요, 불.

형광등을 켜는 순간, 들려오는 건영 목소리.

예진

어이 씨, 깜짝이야.

건영

아직 대낮인데.

예진

계셨어예?

건영

아껴야 잘삽니다.

(점프)

상가 건물 사무실.
도청하는 중정 요원들과, 헤드폰을 끼고 건영과 예진의 대화를 실시간으로 듣고 있는 기태.

예진(소리)

아, 그 이거 드릴려고 사 왔는데예,
식사하셨어예?

건영(소리)

아니요. 그 김 계장님이랑들
어디 갔어요?

(점프)

마약 수사반. 책상에 앉아 김밥 봉지를 까는 건영.

예진

아, 법원 갔다 오신다 캤십니다.
다른 수사관들은 현장 가셨고예.

(점프)

상가 건물 사무실. 헤드폰 너머로 건영의 목소리가 들려온다.

예진(소리)

배고팠어예? 천천히 드이소.
빨리 먹다 얹힙니다.

건영(소리)

자 여기. 이거 좀 봐봐요.

(점프)

마약 수사반. 예진에게 쪽지 하나를 건네는 건영. '9일 20시 부산호텔 611호'.

대일이 몰래 건넨 바로 그 쪽지다.

예진

이게 뭡니까?

건영

야쿠자가 부산에 온답니다.

예진

야쿠자가예?

건영

예.

(점프)

상가 건물 사무실. 건영과 예진의 대화를 실시간으로 듣고 있는 기태.

건영(소리)

조만재를 만나기로 했대요.
부산호텔에서.

예진(소리)

그 뽕 때문에 만나는 기지예?

(점프)

마약 수사반.

건영

그렇다고 봐야죠. 이번 기회에 반드시

조만재 잡아야 됩니다.

(점프)

상가 건물 사무실.

예진(소리)

잠깐만. 9일? 9일이면 내일모레
아입니까?

건영(소리)

예, 맞죠. 내일모레… 참, 그리고 아까
중정에서 왔어요.

(점프)

마약 수사반.

예진

중정에서예?

건영

예.

예진

왜… 왜요?

건영

걔들이 부산지검에 뭔 볼일이 있어서
왔을까요?

(점프)

상가 건물 사무실.

예진(소리)

중정에서 왜 왔지…?

건영(소리)

그러게요. 왜 왔을까요, 중정이…

표정이 굳는 기태. 눈빛이 날카롭게 번뜩
인다.

기태

이것 봐라?

27. 몽타주: 디데이 / 밤

(점프)

부산호텔의 전경이 보이고… 카메라가 호텔
을 향해 다가간다.

(점프)

호텔 복도. 야쿠자 중간 보스를 데리고 복도
를 걷는 대일.

(점프)

611호. 시간을 보며 일행을 기다리는 조만재.
소파 테이블 밑, 깜빡깜빡 점멸하는 소형 도청
장치.

(점프)

612호. 건영과 수사관들. 611호를 도청하며
대화 내용을 녹음 중이다.
건영이 듣고 있는 헤드폰 너머로 들려오는 대
일의 목소리.

대일(소리)

모시고 왔습니다.

조만재(소리)

어, 그래.

(점프)

611호. 대일과 야쿠자들이 들어온다. 중간보
스와 인사하는 조만재.

조만재

반갑습니다. 조만재라 캅니다.

대일

(일어)

반갑습니다. 조만재라고 합니다.
ようこそ。チョマンジェと申します。

(점프)

612호. 귀를 쫑긋 세우고 두 사람의 대화에 집
중하는 건영.

중간보스(소리)

(일어)

반갑습니다. 야마무라라고 합니다.

どうも、山村と申します。

대일(소리)

반갑답니다.

조만재(소리)

앉으이소.

(점프)

611호. 대일이 야쿠자 중간보스와 조만재 사
이에서 통역을 한다.

조만재

그래 뭐, 부산은 처음이지예?

대일

(일어)

부산은 처음입니까?

釜山は初めてですか?

중간보스

(일어)

어릴 때 부산에서 살았습니다.

幼い頃、釜山で暮らしてたんですよ。

(점프)

612호. 도청 중인 건영과 수사관들.

대일(소리)

어릴 때 부산 살았답니다.

조만재(소리)

재일 동포라꼬?

대일(소리)

(일어)

재일 교포입니까?

在日ですか?

중간보스(소리)

(일어)

아뇨. 일본인입니다. 1944년에
부산에 있었습니다.

いや、日本人ですよ。1944年に
釜山におったんです。

(점프)

611호. 거래 중인 조만재 방.

대일

일본인이고예, 44년도에 부산에
있었답니다.

조만재

광복되기 전이구마.

내 할아버지가 청산리 전투 때 왜놈들
총에 돌아가셨거든.

대일

(일어, 난처)

어… 그…

あ、ええ、あの…

(점프)

612호. 집중하고 있는 순간! 큰 소리로 재채기를 하는 김 계장.

순식간에 김 계장 입을 틀어막는 건영.

(점프)

611호. 대화의 흐름이 끊기고, 소리가 들린 옆 방 쪽을 보는 사람들.

조만재

뭐 돼쓰. 역사는 역사고 비즈니슨 비즈니스 아이가.

(점프)

612호. 안도하는 건영과 수사관들.

조만재(소리)

물건 좀 가온나.

대일(소리)

(일어)

가져오겠습니다.

今持ってきます。

(점프)

611호. 가방을 열어 히로뽕을 보여주는 대일. 흡족한 표정의 중간보스.

중간보스

(일어)

좋네요. 그런데, 매달 10킬로 가능합니까?

いいでしょう。ほんで、毎月10キロ可能なんですか？

대일

매달 10킬로씩 가능하냐는데예?

(점프)

612호. 거래를 잡았다는 확신에 찬 건영의 눈빛.

조만재(소리)

돈부터 보입시다.

대일(소리)

(일어)

돈부터 봅시다.

お金から見せて下さい。

조만재(소리)

20킬로까지 맨들 수 있다 캐라.

대일(소리)

(일어)

20킬로까지 가능합니다.

20キロまで行けます。

중간보스(소리)

(일어)

대단하네.

そりゃすごいな。

조만재(소리)

스고이?

대일(소리)

스고이. 멋지다.

조만재(소리)

간빠이.

건영이 피는 담배 연기를 따라 카메라 이동하
면 천장 등에 심어진 도청기가 보인다.

(점프)

613호. 건영이 있는 612호의 소리를 듣고 있
는 기태.

건영(소리)

분위기 좋네요. 자 이제… 이거 뭐,
다 된 거 같은데.

(점프)

612호. 헤드폰을 벗는 건영. 도청 기기 앞에
앉은 김 계장을 본다.

건영

녹음됐죠? 자, 연장들 챙기고 들어들
갑시다.

28. 몽타주: 습격 / 밤

613호. 건영이 있는 612호의 소리를 듣고 있
는 기태. 무전기를 집어 든다.

기태

들어가자.

(점프)

호텔 전기실. 무전을 받은 중정 요원, 곧바로
변압기의 전력을 내려버린다.

(점프)

612호. 투입 준비를 하던 수사관들, 갑자기 일
어난 정전 사태에 당황한다.

수사관들

어, 뭐고?

예진

정전? 정전됐나보다. 우짜노?

(점프)

6층 복도. 불이 꺼져 깜깜하다.
건영이 있는 612호 방 안으로 최루탄을 투척
하는 중정 요원!

107

곧바로 다른 요원 하나가 방문을 막는다.

(점프)

611호. 역시나 갑자기 일어난 정전에 당황한
대일과 조만재.

대일

밖에 알아봐라.

만재수하

예.

조만재의 수하가 문을 연 사이, 중정 요원들이
치고 들어와 야쿠자와 만재파 수하들을 순식
간에 제압해버린다.

중정1

가만있어!

중정2

꿇어! 이 새끼들아!

대일

뭐, 뭔데?

중정1

대가리 힘 빼! 이 개새끼들아. 가만히
있어! 이 개새끼들아!! 꿇어!

(점프)

612호. 최루가스에 혼비백산 어쩔 줄 몰라 하
는 건영과 수사관들.

건영

문 열어! 문!

다급히 방문을 열어보지만, 굳게 닫힌 채 열리
지 않는 문!
수사관들이 쾅! 쾅! 문을 걸어차는데도 꿈쩍
도 안 한다.

건영

이거 왜 안 열려!!

따가운 눈을 비비며 기침을 해대는 사람들로
방 안이 아수라장이다.

(점프)

613호. 아수라장인 수사관들의 방과는 달리
여유롭게 차를 마시는 기태.

중정1

과장님, 정리됐습니다.

중정 요원의 보고를 받고, 재킷을 걸치고 방
을 나서는 기태.

(점프)

6층 복도. 비명이 들리는 수사관들의 방을 지
나, 상황 정리된 조만재 방으로 향하는 기태.

건영(소리)

최루탄 찾아!!

(점프)

612호. 문을 열려다 부러진 방문 손잡이에 당황하는 건영, 가까스로 최루탄을 찾아내더니, 덥석 집어 들고 창밖으로 던진다.

건영

최루탄 최루탄!! 아뜨뜨… 아 뜨거워!!
비켜! 비켜!! 비켜!!!

(점프)

611호. 갑작스러운 기태의 등장에 조만재와 야쿠자들은 아연한 표정이다.
조만재를 데리고 나가는 기태.

(점프)

612호. 남아 있는 최루가스로 아비규환인 방안.
그 와중에도 황급히 헤드폰을 끼는 건영.

29. 부산 중정, 취조실 / 밤

중정 취조실로 끌려온 조만재와 대일, 황 국장 앞에 머리를 박고 있다.

황국장

어휴… 아 이게 얼마나 심각한 상황인 줄 몰라요?
일본 경시청에서 수배 걸었어.

그 야쿠자 새끼들.
어? 협조 공문까지 내려왔다구요,
만재 씨.

대일

(불쑥)

국장님. 미리 상의 못 드린 건
참말로 죄송합니다.
하지만서도 그동안 갖다 바친 게
얼만데…
마 이랄 땐 좀 도와주셔야 되는 거
아입니까?

황국장

뭐야, 이거?

조만재

국장님, 용서하이소.
인마가 뭘 좀 모르는 아라…

대일

다시는 이런 일 없을 낍니다.
욕심 쪼매 내다가 이래 사달이 난 긴데…
이번 한 번만 도와주시면 이 은혜는
반드시 갚겠습니다.

황국장

야. 배짱은 얘가 낫다. 쟤보다, 어?
야, 니가 낫네.

조만재

예, 맞십니더. 배짱도 있고…
한 번만 용서해주시면…

탕! 그대로 조만재의 머리에 총을 갈기는 황
국장.
얼굴에 피가 흩뿌려진 대일. 앞으로 고꾸라지
는 만재를 보며, 그대로 얼어붙는다.
탕! 확인 사살까지 마치는 황 국장.

황국장

시끄러.

시뻘건 피가 바닥에 번져나가고… 사시나무
떨듯 바들바들 떠는 대일.
황 국장, 이번엔 그런 대일을 향해 총구를 겨
누는데, 묵묵히 지켜보던 기태가 재빨리 앞으
로 나선다.

기태

국장님, 그 친구는 놔두시죠.
남은 조직 수습하려면 후임자가
필요합니다. 선거가 코앞입니다.

대일 앞에 눈높이를 맞추며 앉는 황 국장.

황국장

잘할 수 있어?

대일

…예!

황국장

그래.

잘하라는 듯, 대일의 뺨을 툭툭 두들기는 황
국장.

30. 부산지검, 마약 수사반 / 오전

책상에 앉은 예진과 김 계장, 녹음테이프를 반
복해서 듣고 있다.
테이프에서 흘러나오는 녹음된 목소리들.

중정요원(소리)

꿇어, 꿇어. 가만히 있어!!
가만히 있어!!
꿇어. 가만히 있어!! 가만히 있어!!

김계장

도대체 어떤 놈들이 우릴 물멕이고
조만재를 낚아챘을까?

이때, 장비를 든 건영이 사무실로 들어온다.

예진

오셨어예.

건영, 의아한 표정으로 자리에서 일어서는 두

사람에게 쉿!

조용히 하라는 신호를 보내고는 목에 건 헤드폰을 쓴다.

건영

그… 출근해서 청소들 했어요?

예진

청소?

김계장

아니, 청소…

건영

내가 청소하라고 몇 번을 얘기해.
이 사무실 꼴이 이게 뭡니까, 이게?

장비를 든 건영이 사무실 곳곳을 휘저으며 뭔가를 찾기 시작한다.
의아해하던 두 사람, 이내 건영의 의도를 파악하고 움직이기 시작한다.
일부러 큰 소리를 내며 움직이는 세 사람.

예진

죄송합니다.

건영

예?!

김계장

미쓰 오, 가가지고 저기 빗자루하고
쓰레받기 좀 가져와.

예진

예. 쓰레받기 가져와 쓸겠습니다.

김계장

어.

건영

어, 쓸데없는 박스들 이거 다 저기
창고에 갖다 넣고!

김계장

아, 예! 치우겠습니다.

건영

가방은 이거 뭐야, 이거?
왜 이런 데다가 가방을 이렇게 놔요?

예진

죄송합니다.

김계장

예. 치우겠습니다. 예…

그러다 수사관 책상 위. 기계 바늘이 움직이고…
건영이 의자에 올라서서 형광등 구석구석을

살피면 기계 바늘의 움직임이 커진다.
김 계장과 예진의 시선, 건영의 손짓을 따라
도청 장치가 숨겨진 형광등에 가닿는다.

31. 부산 중정, 기태 사무실 / 오전

사무실 블라인드를 치고는 대일의 옆에 앉는
기태.

기태
당분간 짱박혀 있어.

대일
이래 안 챙겨주셔도 황 국장한테는
입도 뻥긋 안 할 깁니더.
걱정하지 마이소.

기태
너 입 열 거 무서웠으면 아까 그냥
뒤지게 놔뒀지.

대일
그라믄 와 저를…

기태
말했잖아. 니가 이제 조만재 후임이라고.

대일
마, 조직도 거덜난 마당에 후임이
만다고 필요합니까.

기태
사업 다시 시작해야지.

32. 부산지검, 마약 수사반 /
부산 중정, 기태 사무실 / 오전

도청 탐지기를 들고 수사반 내부를 살살이 훑
는 건영.
큰소리를 낸 도청을 피하며, 자신의 자리로
향한다.

건영
캐비닛 열어서 오래된 서류들 다 갖다
버려요!

예진
예. 알겠습니다.

김계장
저거 정리하라고 내가 몇 번을
얘기했어?!

예진
죄송합니다.

사무실에 놓인 전화기 쪽에서 탐지 반응이 오
고, 이어서 형광등을 확인하려는 건영.
입으로는 쉴 새 없이 예진과 김 계장에게 말을
걸고.

건영

아니, 내가 이 박스는 갖다 버리라고,
내가 이거!

예진

아니, 영감님!

건영

몇 번을 말해!

예진

죄송합니다.

김계장

영감님, 두십쇼. 저희가 하겠습니다!
아니, 영감님 그냥 계세요.
저희가 할게요.

상자에 올라선 건영을 잡아주는 예진.

(점프)

부산 중정. 기태가 꺼낸 사업 이야기에 놀라
쳐다보는 대일.

대일

제가예?

기태

너, 나, 우리.
니들이 하는 그 히로뽕 사업. 전에부터

관심이 많았거든, 내가.

(인서트)

과거. 부산 내항 부둣가 / 오후

트렁크 안 박스에 가득 담긴 달러.
그 위에 놓인 007가방 안, 히로뽕을 보는 기
태. 고개 돌려 조만재를 본다.

조만재

그, 들어보니까 백 과장님 조만간에
일본 가실 일이 있으시다 카던데.
가시는 길에 부탁 하나만 드려도
되겠십니까?

보면, 기태가 납치된 비행기에 들고 탔던 바로
그 가방…!

(점프)

다시 부산 중정.

기태

그게 내가 니들 부탁 들어줬던 이유고.
일본 쪽 거래처는 내가 어떻게든 다시
뚫어볼 테니까,
넌 그동안 저 돈 가지고 애들 모아서 공장
다시 돌릴 준비해.

대일

직접 약을 판다꼬예? 나랏일 하시는

115

양반이 약은… 뭐…

기태

왜? 안 돼?

기태의 눈빛이 차갑게 번들거린다.

대일

되죠… 됩니다.

(점프)

마약 수사반. 자신의 책상 바로 위 형광등에서 도청 장치를 발견한 건영.
건영, 헛웃음을 지으며 기태의 얼굴을 떠올리고.

건영(NA)

좀도둑인 줄 알았더니, 생각보다 더 적극적인 개새끼들이네.

(인서트)

과거. 부산지검, 마약 수사반 / 오후

다가와 건영에게 악수를 청하는 기태.

기태

중앙정보부 부산 지부, 백기태라고 합니다.

(점프)

다시 현재. 물끄러미 도청 장치를 쏘아보는 건영의 눈빛이 매섭다.

건영(NA)

백기태 씨… 앞으로 자주 봅시다, 우리.

이내 시선을 거두고, 수사관들을 향해 소리치는 건영.

건영

자, 이제 청소 끝내고 일합시다!!!

제3화
금지의 시대

1. 프롤로그: 1970년대

(인서트)

자료화면. 사이렌 소리와 함께, 일제히 멈춰 서는 차량과 사람들.

아나운서(소리)

국기강하식을 거행하겠습니다.
경건한 마음으로 국기를 향해주시기
바랍니다.

태극기가 걸린 곳을 바라보는 행인들이 가슴에 손을 얹고 부동자세를 취한다.
"나는 자랑스러운 태극기 앞에 조국과 민족의 무궁한 영광을 위하여 몸과 마음을 바쳐 충성을 다할 것을 굳게 다짐합니다."
가두의 스피커에서 '국기에 대한 맹세'가 울려퍼지는 동안, 미동도 않는 사람들.
심지어 차 안의 운전자까지 운전대를 놓고 차렷 자세를 취하고 있다.
거리에 보이는 모든 태극기가 동시에 내려가고, 국기에 대한 맹세가 끝나자마자, 언제 그랬냐는 듯 제 갈 길을 가는 사람들.
마치 플래시몹이라도 하는 듯 괴이쩍은 광경이다.
그 위로 흐르는, 젊은 여인의 매력적인 목소리.

금지(NA)

애들 장난도 아니고,

이게 뭐 하는 짓이냐고?
이게 바로 '국기강하식'이란 건데,
우리 각하께서 창안하신 거야.

(점프)

화면 바뀌면… '야간 통행 금지' 단속을 벌이는 경찰과 공무원들.
막차를 놓친 행인들이 길을 가다 연행되고, 밤거리는 마치 유령도시처럼 횡하다.

금지(NA)

그뿐인 줄 알아? 밤 12시가 넘으면,
밖에 돌아다니지도 못했어.
사회윤리와 질서를 저해하는 퇴폐풍조를
단속한대나 뭐래나…?

(점프)

길 가던 젊은 연인이 바리캉과 자를 든 경찰 단속원들에게 걸린다.

금지(NA)

남자들 옆머리는 귀를 덮으면 안 됐고,
짧은 미니스커트를 입은 여자들은 과다
노출로 경범죄 처벌을 받았어.

여자의 미니스커트에 30센티미터 자를 갖다 대며, 꼼꼼히 길이를 재는 경찰.
그 사이, 남자의 장발은 단속원의 바리캉에 하염없이 잘려나간다.

금지(NA)

통행 금지, 집회 금지, 시위 금지…
거기다 장발, 미니스커트 금지까지…

(점프)

거리 곳곳, 30센티미터 자를 든 단속원과 미니스커트녀들의 승강이가 벌어지고, 바리캉을 든 경찰과 장발족들의 숨 막히는 추격전이 펼쳐진다.

금지(NA)

단속하고, 감시하고, 때리고, 죽이고…

(점프)

화면 바뀌면… '김영삼 초산 테러 사건'을 보도하는 신문 기사와 방송 화면.
사이사이, 사고를 당할 당시 김영삼의 모습이 교차된다.
차를 타고 귀가하던 김영삼을 막아서는 낯선 청년들.
그중 한 명이 차 문을 열려고 시도하자… 빠앙—! 경적을 울리며 차량이 전진한다.
괴청년 중 하나가 뭔가를 집어던지면, 쨍그랑! 차량 뒤창에 부딪혀 박살이 나는 유리병!

금지(NA)

야당의 거물 정치인도 이렇게 당하는
마당에, 일반인들은 어땠겠어?
그야말로 개돼지 취급이었지.
하지만 정작 그런 일에 앞장서던

인간들에겐 금지되는 게 없었어.

(점프)

부산 중정의 전경이 보이고, 중정에서 행해지는 도청, 고문, 간첩 조작 사건이 펼쳐진다.

금지(NA)

그래, 대한민국 최초의 정보기관
중앙정보부 말이야.
중앙정보부는 헌법마저 넘어서는
막강한 권력을 무기로,
우리 각하의 장기 집권에 핵심적인
역할을 했어.
중정은 그 존재만으로도
공포의 대상이었지.
그렇게 수많은 사람이 억울하게
붙잡혀 가고, 죽어갔어.
솔직히 뭐, 내가 그중 하나가 될 거라곤
생각 못 했지만…

(점프)

북한산 자락에 자리 잡은 고풍스러운 한옥.
고급 요정인 '천운각'.

금지(NA)

바야흐로 이런 '금지의 시대'를 살고 있는
내 이름은 금지. 배금지.

(점프)

질펀한 술판이 벌어진 방 안.

122

사내들의 흥을 돋우고, 술잔을 따르는 다른
여자들과는 달리,
홀로 고독한 여자, 배금지.

금지(NA)
요정 마담, 술집 여자, 접대부, 호스티스…
뭐라고 불러도 상관없어.
중요한 건, 내가 그 일을 아주 끝내주게
잘했다는 거야.

(점프)

술자리가 쉴 새 없이 바뀌며, 양복, 군복, 경찰
복을 입은 중년 사내들의 음흉한 미소가 스쳐
지난다.
어둡고 타락한 욕망으로 번들거리는 사내들
의 눈빛, 눈빛, 눈빛들.

금지(NA)
그렇다고, 그게 뭐… 죽을죄는 아니잖아?

2. 타이틀 시퀀스

음악과 함께 시작되는 타이틀 시퀀스.

"MADE IN KOREA"

3. 김포공항, 청사 / 오전

(자막)

한국 김포공항

또각또각. 하이힐 소리가 공항에 울려퍼지면,
모피 코트를 걸친 금지가 입국 게이트를 빠져
나온다.
한 손에 어린아이를 안아 들고, 한 손으로는
큼지막한 캐리어를 끄는 그녀.
세련된 헤어스타일에 수려한 외모, 화려한 장
신구들이 사람들의 이목을 끈다.
실내인데도 짙은 선글라스를 쓴 그녀를 힐끔
대며 지나치는 사람들.
그러거나 말거나, 금지는 남들 시선 따위 개의
치 않고 당찬 걸음을 내딛는다.
게이트 앞에 우뚝 멈춰서, 주변을 두리번거리
는 금지.
마중 나온 이라도 찾는 듯하지만… 아무도
없다.

금지
뭐야? 아무도 안 나왔어? 하 참…
이거 너무들 하시네.

금지가 문득 자신의 품에 안긴 아들을 내려다
본다.
까꿍 하며 눈을 맞추면, 해맑게 웃는 아이.

금지
가자!

제3화 금지의 시대

4. 사찰, 법당 / 지하 금고 / 오전

양손에 큼지막한 여행 가방을 들고 법당 안으
로 들어서는 황 국장.
불상 앞에 앉은 노승의 목탁 치는 소리가 점차
빨라진다.

황국장

알았어, 알았어, 알았어…!

노승을 달래듯 돈다발을 꺼내놓는 황 국장.

(점프)

어둠 속, 법당 쪽문을 열고 들어오는 황 국장.
불을 켜면 법당 밑 커다란 지하 굴이 보인다.
굴 한쪽 덩그러니 놓인 대형 금고.
금고 다이얼을 돌려 문을 열자, 안에 어마어마
한 양의 현금 다발과 금괴가 보인다.
순간, 고개를 돌려 굴 안쪽 새카만 어둠 속을
주시하는 황 국장.
이내 시선을 거두고 가져온 가방에 금고 속 현
금 뭉치를 옮겨 담는다.

5. 사찰, 주차장 / 오전

황 국장이 돈가방을 들고 사찰 계단을 내려
오자, 기태가 황급히 달려가 돈가방을 건네받
는다.
뒷좌석에 올라타 담배를 무는 황 국장.

황국장

오늘 가면은 천 실장 말고, 배금지도
있을 거야.

기태

예, 알겠습니다.

황국장

미국까지 보내줬으면 말이야, 응?
얌전히 애새끼나 키우고 살 것이지,
뭔 좋은 꼴 보겠다고.

기태가 곧바로 시동을 걸고, 사찰을 벗어나는
황 국장의 차.

6. 산길 / 오후

사찰에서 내려오는 산길. 운전석에 앉은 기태
가 룸미러 속 황 국장을 흘끔 쳐다본다.

기태

소문엔 겁이 없는 여자라던데요.

황국장

그렇긴 하지. 지 아들새끼 내세우는 거
보면.

기태

국장님은 알고 계십니까? 애 아빠가
누군지 말들이 많던데.

날카로운 눈빛으로 기태를 보는 황 국장.

황국장

야.

기태

예, 국장님.

황국장

운전이나 똑바로 해, 명줄 끊기기 싫으면.

7. 계곡 식당 / 오후

(인서트)

경부고속도로 / 오후

(자막)

한국 서울

뻥 뚫린 경부고속도로를 질주하는 황 국장의
차.

(점프)

계곡 식당으로 들어서는 황 국장의 차.
식당 주변, 삼엄하게 경계를 서는 청와대 경호
실 직원들.
멈춰 선 차에서 내리는 황 국장과 기태.
계단을 따라 내려가다 빗과 거울을 꺼내 머리
를 다듬는 황 국장.

황국장

천 실장 본 적 있나?

기태

직접 뵙는 건 처음입니다.

황국장

성골 출신에 육사 수석에, 혁명 때
각하 눈에 들었다 했더니
아주 갈수록 위세가 대단하지, 응?

(점프)

계곡 옆 테이블에 앉아 언쟁 중인 청와대 경호
실장 천석중과 금지.

금지(NA)

천석중. 대통령 경호실장. 각하가 애정해
마지않는 육사 수석.
각하의 권력은 곧 천석중의 권력이었고,
중정은 그의 든든한 친위 부대였어.

잔뜩 흥분한 금지, 천석중에게 따지듯 묻는다.

금지

아니, 어차피 평생 숨어 살 순 없잖아요.
내가 무슨 죄인도 아니고.
어떻게든 정리하고 우리 성국이도
남부럽지 않게 키워야죠.

천석중

그 꼬라지를 가만 보고 있겠나,
아 아빠가.

금지

지 자식 잘되는 꼴 못 봐주면
그게 애비예요?

천석중

그 만만한 양반 아인 거 잘 알 낀데.

금지

나도 만만한 여자 아니에요.
내가 뭐 조강지처 자릴 달라는 것도
아니고.

금지가 말을 멈추고 힐끔 시선을 돌리면,
황 국장이 서둘러 달려와 자신보다 어린 천석
중 앞에 연신 머리를 조아린다.

황국장

아이고, 실장님. 잘 지내셨습니까?

천석중

황 국장 오랜만입니다. 와 이리
얼굴 보기 힘드노.

황 국장에게 존대도 반말도 아닌 이상한 말투
를 내뱉는 천석중.

황국장

아이고, 별말씀을 다 하십니다.
저야 뭐 실장님께서 불러주시면은,
언제든지 달려올 준비가 되어 있습니다.

천석중의 시선이 얼핏 자신에게 향하자, 기
태 역시 눈도 못 마주치며 다급히 허리를 숙
인다.
부드러운 미소, 제왕 같은 위엄이 서린 그의
아우라에 압도된 기태,
쉽사리 천석중에게 시선을 떼지 못하는데…

금지

(황 국장 보며)

아… 가발… 했어요?

조롱하는 듯한 금지의 목소리에 차갑게 변하
는 황 국장의 눈빛.

천석중

쪼매 걷자.

황국장

예.

천석중의 웃음소리에 재빠르게 미소를 짓고
일어서는 황 국장, 천석중을 따라나선다.
계단을 올라가는 천석중에게 맞춰 재빨리 검
은 우산을 펴 들고 해를 가리는 경호실 직원.

금지(NA)

백기태는 이때 두 눈으로 목격한 거야.
진짜 살아 있는 권력이 뭔지.

황국장

아! 내가 할게.

경호실 직원의 우산을 뺏어 든 황 국장, 천석
중의 뒤를 쫓아 부지런히 간다.
그런 황 국장의 모습이 아연하기만 한 기태.
자신이 있는데도 천석중만 뚫어져라 보는 기
태를 흥미롭게 관찰하던 금지.

금지(NA)

그리고 결심했지. 바로 저 인간처럼 부와
권력으로 온 세상을 발아래 엎드리게 하는,
그런 인생을 살겠다고.

금지

안녕, 자기?

기태와 다시 눈이 마주치자, 눈부신 미소를 지
어 보이는 금지.

금지

나 화장실 갈 건데, 같이 갈까, 우리?

당황하는 기태. 그런 기태가 재밌는지, 까르
르 웃음을 터트리는 금지.

금지(NA)

우린 이렇게 만났어. 보다시피 이렇게
로맨틱한 분위기에서.
나랏일 하는 머저리들이랑 같이.

8. 항구 앞, 철공소 골목 / 오후

(자막)

한국 부산항

항구를 따라 이어진 철공소 골목, 멀리서 자전
거를 타고 들어서는 건영.
쇠 두드리는 소리가 요란한 철공소로 들어
간다.

9. 명성절단 / 오후

쇠질 소리가 요란한 가운데, 건영이 내부 철제
계단을 오른다.
계단을 오르고 올라 3층 문을 열면 드러나는
작은 공간.
중정의 도청을 피해 이곳에 비밀 수사본부를
차린 마약 수사반.

김계장

영감님, 여기는 도청 걱정 안 해도
됩니다.

예진

억수로 시끄럽네예.

건영

시끄럽고 좋네. 비밀 수사본부!

밥상을 준비해놓고 건영을 맞이하는 예진과
김 계장.
칠판에 중앙정보부 부산 지부 조직도와 일본
야쿠자 조직 관계도가 빼곡히 적혀 있다.

건영

자, 먹읍시다. 그 내가 노파심에
또 얘기하는데,
여긴 우리 말고는 아무도 몰라야
됩니다.

예진

(끄덕)

예.

건영

강대일이 소재 파악은 어떻게, 잘 되고
있어요?

예진

예. 그 강대일 조직원들 중심으로
찾고 있어예.
조만간에 소재 파악할 수 있을 깁니다.

건영

반드시 찾아야 됩니다.

예진

예, 알겠십니다.

김계장

조만재가 온갖 이권에 개입해서
벌어들인 돈이 어마어마하답니다.
밀수는 기본이고 미군 부대 물품
빼돌리고, 아파트 분양권에,
관공서에 들어가는 휴지 한 장까지
다 조만재 손을 거친다고 하더라고요.

예진

지 혼자 다 해처먹었다고예?

건영

혼자서 다 못 먹지. 아니, 이렇게
밥 한 끼도 같이 나눠 먹는데,
그걸 다 혼자 먹어요?

김계장

뒷배가 있다?

예진

영감님은 그게 중정이라 생각하는
기지예.

건영

중정이 깡패 끼고 사업하는 게
뭐 하루이틀도 아니고, 놀랄 일도
아닙니다.

김계장

근데 중정이 왜 조만재를
잡아갔을까요?

예진

조만재가 갑자기 꼬롬한 짓을 해꾸마.
그러니까 잡아가뿐 거 아입니까?

건영

(젓가락으로 생선 꼬리를 자르며)

요 꼬리를 이렇게 자른 거죠. 이렇게.

예진

그라믄 죽였다는 겁니까?

건영

조만재는 중정에 엄청난 돈을
상납했습니다.
그리고 그 돈은 황 국장 금고로
들어가고,
아마 황 국장 위로도 전달됐을 겁니다.

예진

지금 황 국장 위에 누가 또 있다고예?

건영

그렇죠.

김계장

그게 누군데요?

건영

그건 뭐 아직 모르겠고,
암튼 선거가 코앞입니다.
돈 들어갈 데가 한두 군데도 아니고,
분명히 다시 사업 재개합니다.
남은 조직원들 수습해서.

예진

그럴라믄 지금 조만재, 강대일 둘 중
한 명은 살려뒀을 끼고,
영감님은 그게 강대일이라고
믿는 거 아입니까?

건영

강대일이 살아 있어야, 우리한테
승산이 있습니다.

10. 계곡 식당 / 오후

황 국장을 기다리며 담뱃불을 붙이는 기태.
고양이처럼 소리도 없이 나타난 금지, 기태 옆
에 나란히 앉는다.

금지

아~ 다리야.

구두를 벗으며 맨발을 기태 쪽으로 뻗는 금지,
발로 툭 기태를 건드려본다.
황당한 얼굴의 기태.

금지

처음 보는 얼굴인데.

기태

국장님 모시고 있습니다.

금지

음… 황 국장 밑에 있어봐야 비전 없는데.
천 실장 정도 되면 모를까.
자기도 생각 있으면 내가 좀 도와줄까?

기태

뭘 말입니까?

금지

나중에 우리 조용한 데서 한번 봐요,
단둘이.

(점프)

어느새 식당으로 내려오는 천석중과 황 국장.
저만치 기태와 금지가 함께 있는 장면을 조용
히 지켜보며 선다.
묵묵히 듣고만 있는 기태와, 뭔가를 끊임없이
재잘대는 금지.

황국장

군에 있을 때 잠깐 데리고 있던 놈인데
꽤 쓸 만합니다.

천석중

그, 눈에 욕심이 드글드글하던데.

황국장

뭐 없이 살아봐서 그런지 주제 파악은
잘하는 편입니다.

천석중이 흥미롭다는 듯 두 사람을 빤히 쳐다
본다.

금지

취하는데? 나도 하나만.

금지의 입에 문 담배에 불을 붙여주는 기태.

천석중

둘이 잘 어울린다. 캐스팅 개안네.

황국장

감사합니다.

기태를 보고 까르르 웃는 금지.

천석중

(중얼)

금지야… 배금지야…
저년 저게 우에 나올지 영 감이
안 잡히네.

황국장

죽여버릴까요?

매서운 눈빛으로 황 국장을 쏘아보는 천석중.
재빠르게 고개 숙이는 황 국장.

황국장

죄송합니다.

천석중

뻘짓 하지 말고 일단 금지 저년 옆에
딱 붙어 있으라 캐라.
헛짓거리 못 하구로 감시 잘하고.

황국장

알겠습니다.

11. 서울 외곽, 성당 본당 / 새벽

찬송가를 부르는 금지. 윤기가 반지르르한 벨
벳 원피스 차림의 그녀.
짙은 화장과 화려한 액세서리… 누가 봐도 돋
보이고 눈에 띄는 차림새다.
2층 위에서 그런 금지를 지켜보는 기태.

12. 과거. 부산 중정, 황 국장의 집무실 / 오후

황국장

그 여자한테 수첩이 있어. 그년이랑

같이 잔 남자들 명단.
그러니까 거기에 애 아빠 이름도
있다는 거지.
중요한 거는 애 아빠가 누구냐?
그게 중요한 게 아니지, 에휴 씨…

골치가 아프다는 듯, 황 국장이 담배 연기를
길게 내뿜는다.

황국장

중요한 건 애 아빠가 누구냐가 아니라,
그 수첩에 이름 올린 수십 명의 애 아빠
후보들이 밤잠을 설친다는 거,
그게 문제라는 거지.

기태

그 정보는 믿을 만한 겁니까?

황국장

물론이지. 정보를 준 양반도 그 수첩에
이름이 올라가 있거든.
정신 바짝 차리는 게 좋을 거야.
보자마자 바로 넘어가는 여자니까.

기태

걱정하실 일 없을 겁니다.

황국장

재떨이.

133

신속하게 재떨이를 들고 일어서서 황 국장에
게 내미는 기태.

황국장

잘해. 그 수첩에 백 과장 이름까지
나오면 안 되잖아.

13. 길 / 새벽

길을 따라 걷는 두 사람, 금지와 기태.

금지

하여간 왜 다들 날 못 잡아먹어서
안달들인지 몰라.
혹시 수첩 찾아오래, 황 국장이?

기태

수첩이라뇨?

금지

궁금하겠네. 다들 알고 있는 걸 혼자만
모르고 있으니.

기태

관심 없습니다, 난.

금지

정말? 내가 지금 살짝 알려줄 수도
있는데, 진짜 애 아빠가 누군지.

장난기 가득한 얼굴로 기태의 귓가에 입술을
가까이 대는 금지.
귓구멍에 바람을 불어넣는다. 깜짝 놀라 귀를
만지는 기태.

금지

근데 뭐, 관심 없댔으니까, 그치?

기태

아이, 사람 갖고 장난치는 겁니까?

금지

어머, 내가 진짜 말해줄 줄 알았구나?
귀엽다, 자기.
암튼 다신 미국 안 들어갈 거니까
헛꿈 꾸지들 말라고 전해.
난 여기서 살 거야. 자기 같은 미남이랑
연애도 좀 하면서.

기태

사내놈들 지겹지도 않아요?

금지

어떤 사내놈이냐에 따라 다른데.
우리 말 나온 김에 탁 까놓고 얘기할까?
연애 얘기가 별로면 사업 얘기도 좋은데.

기태

사업이라뇨?

금지

그때 얘기하지 않았나? 내가 도와줄 수
있을 거라고.

발걸음을 멈추고 서는 기태.

기태

뭘? 어떻게 말입니까?

금지

이제야 내 얘기에 관심을 보이시네.

금지가 담배를 꺼내 물면, 기태도 담배를 꺼내
물고 불을 붙인다.

금지

각하 최측근이니 뭐니 그딴 게
뭐가 중요해.
어떻게 그 자리까지 가느냐,
그게 중요하지.
황 국장이 그나마 그 자리까지 올라간
이유가 뭔지 잘 알 거 아니야.
그럼, 그 돈 받은 천 실장은 그 위로
또 얼마나 갖다 바쳤겠어.
마르지 않는 돈줄, 그게 그 인간들이
가진 힘의 원천인 거야.

진지한 표정의 기태, 금지의 말을 찬찬히 곱씹
는데, 기태의 얼굴을 빤히 쳐다보는 금지.

금지

만약에 자기가 그 돈줄을 쥐고 있으면,
황 국장이 아니라 천 실장처럼
되지 말라는 법이 어딨어?
안 그래, 미스터 백?
자기가 원하는 걸 말해봐. 내가 도와줄게.

기태

…일본 야쿠자랑 인연이 있다고
들었는데,
이케다 회장 혹시 만나본 적 있어요?

(인서트)

오사카, 이케다 저택, 입구 / 오전

이케다 저택으로 들어서는 고급 세단.

야쿠자들
(일어)

수고하십니다!!!
ご苦労様です！！！

도열해 있던 야쿠자들이 일제히 머리를 숙
이면,
차 안에 나란히 앉아 있는 이케다 오사무 회장
과 이케다 유지.

(점프)

다시 길.

135

금지

아니. 대신 그 사람 딸은 먼발치서
한번 봤지.

기태

이케다 유지. 본명 최유지.

금지

맞아, 최유지. 그 여자 조선인인 거
어떻게 알았어?

기태

나도 한번 본 적 있거든요.

14. 오사카, 이케다 저택, 방 / 오전

기모노를 입고 다다미방에 앉아 식사하는 이
케다 회장과 유지.
아무런 말도 없이 조용히 밥을 먹는다.

금지(소리)

조선인만 아니었어도, 후계자까지
노려볼 수도 있을 텐데.
자이니치를 수양딸까지 삼을 정도니,
어쩌다 회장 눈에 들었는지는 몰라도
무척 아끼는 모양이야.

이케다 회장이 물을 한 모금 마시고, 유지를
지그시 쳐다본다.
따사로운 햇살에 유지의 새하얀 얼굴이 싱그

럽게 빛난다.
한동안 말없이 유지를 응시하는 이케다 회장.
먹던 그릇을 내려놓는 유지, 이케다 회장의 시
선을 지그시 참아낸다.

15. 길 / 새벽

금지

암튼 그 여자가 이케다 조직의 실세 중
하나인 건 분명해.

기태

도대체 그런 건 다 어떻게 아는 겁니까?

금지

근데 최유지는 왜?

기태

다시 한번 봐야 할 거 같아서요.

그런 기태를 묘한 눈으로 뜯어보는 금지. 두
사람을 뒤따르던 차를 불러 세운다.

금지

오케이. 연락해요, 미스터 백.

차에 올라타 떠나는 금지.

136

'제일모직 장미 505 털실' 광고 포스터가 여기저기 붙어 있는 아담한 편물점 안.
색색깔의 털실과 뜨개바늘 바구니를 낀 젊은 여자 서넛이 모여 레이스 뜨기가 한창이다.

여자1

자, 여기는 이순영이라고, 우리
장미회에는 처음 오신 깁니다.
인사들 하세요.

신입 회원을 반갑게 맞이하는 여자들,
수줍은(?) 표정으로 고개를 숙이는 예진.

예진

예, 반갑습니다. 저는 이순영이라고
하고요.
지가 손이 막 야물딱지지 못해가지고,
암튼 잘 부탁드려예.

여자2

엄마야, 첨부터 잘하는 사람이 어데
있습니꺼. 잘 오셨어예.

예진

예.

여자2

요것부터 함 떠보이소.

이때, 딸랑. 종소리와 함께 은행원 유니폼을
입은 소영이 편물점 안으로 들어선다.

여자1

소영이 왔나? 오늘 퇴근이 쪼매
늦었데이.

소영

네, 언니. 먼저 시작들 하셨네요.

여자2

소영 씨, 내 저번에 부탁했던 거는?

소영

그거 설명서 가지고 왔어요. 이게 3년
만기에 연 이자가 17.4프로인데.

여자2

엄마야, 참말로 고맙다, 소영 씨.

예진

서울 사람입니까?

소영

예?

예진

말투가 부산이 아닌 거 같아가.

여자1

아, 그거는 소영이 야가 어릴 적부터
일본에서 살아가꼬 그래예.
소영아 인사해라. 여는 오늘부터
우리 장미회의 신입 회원 이순영이.

예진

어쩐지~ 아니 피부가 다르다 했으예.
옴마야 살결이 왜 이렇게 고와예.

소영

별말씀을요. 아, 이게 타고난 거라…

예진

부럽다. 아니, 우리 삼촌도 일본에서
살고 있는데. 오사카.

소영

어머, 저도 오사카 살았는데.

예진

옴마야, 세상에 이런 인연이 다 있네.
은행 다니는가봐예.

소영

아, 네.

여자2

한데 그 순영 씨는 뭐 한다 켓드라?

예진

아, 지는 그 부모님이 그 뭐시고, 그,
철공소 하셔가지고,
오빠들이랑 쪼매 도와드려예.
소영 씨는 오빠 있어예?

소영

네. 언니들한테 말은 안 했는데,
저희 오빠 인물이 신성일 뺨치거든요.

예진

저희 오빠 알랑 드롱인데.

소영

어? 진짜요?

예진

너무 잘 맞는다, 우리!

여자2

그래 잘생겼나, 여 함 데꼬 와라.

소영

뭘 데꼬 와요, 바쁜데.

여자2

내 눈으로 확인해봐야겠다.

예진

잘생겼겠다.

소영

그럼요.

17. 명성절단 / 오후

기태의 신상명세서를 보며 커피를 마시고 있
는 건영과 김 계장.

건영

월남전이라…

김계장

네, 특전사 출신인데 월남전에서
불명예제대를 했대요.
뭔 사고가 있었던 거 같은데…
(생각난 듯)
영감님, 무공훈장 받으셨다는
소문이 있던데, 그거 아니죠?

슬며시 커피잔을 내려두며 일어서는 건영, 서
서히 상의를 벗기 시작한다.

건영

뭐 국가가 주니까 받기는 했는데.

김계장

진짜요?

건영

무장 공비가 3명이었어요.

김계장

무장 공비요? 아니 그럼, 뭐 어떻게
총도 맞아보신 거예요? 예?

어깨에 남아 있는 총상 흉터를 보여주는 건영.

건영

여기.

김계장

아니, 그러니까 이게 지금 총 맞은
자국이라는 거잖아요.

건영

일로 들어가서… 보일라나, 이게.

김계장

아니 뭐야.
(어깨 양쪽에 있는 흉터를 가리키며)
그러면은 일로 들어가서
일로 나왔다는 거잖아요.
야, 이거 진짜네. 영감님 진짜
대단하십니다.

건영

뭐 대단하니까 받았겠죠, 무공훈장.

건영이 실없이 호탕하게 웃는데, 예진이 들어
온다.
벌어진 와이셔츠 자락 너머로 보이는 건영의

139

몸을 빠르게 훑는 예진.

예진을 보고 황급히 옷을 여미는 건영.

예진

아이고… 영감님 운동 열심히
하시나봅니다.

건영

예. 뭐, 그냥 팔굽혀펴기 좀 합니다.

예진

어쩐지 양복 태가 다르다 했어예. 몇 개나
하는데예.

건영

백 개? 백 개 정도… 그래 어떻게,
만나는 봤습니까?

대답 대신, 테이블 위로 툭, 뜨다 만 레이스 조
각을 내려놓는 예진.

건영, 삐뚤빼뚤 형편없는 예진의 솜씨에 픽,
웃음이 나고…

예진

아휴, 힘들어라. 어릴 때 일본 오사카에서
자란 건 맞고예.

김계장

재일 조선인?

예진

예. 부모님 돌아가시고 한국으로
돌아왔다 캅니다.
한국 정착한다고 욱수로 고생했다
하데예.

건영

백기태가 부모 노릇까지 했겠네요.

예진

(끄덕)

동생들 먹여 살린다고 안 해본
일이 없다 캅니다.
그 재일 동포라고 설움도 많이
당했다고.

김계장

그래서 직업군인이 됐구만.

예진

그 군인이 하나 더 있어예. 남동생이
하나 있는데 백기현이라고,
육사를 수석으로 졸업했다 캅니다.
지금은 전방에서 소위로 있고예.

건영

형은 중정에, 동생은 육사라. 뭐,
개천에서 용 났네요.

예진

근데 그 동생이 어릴 때 일이
좀 있었다 하데에.

건영

무슨 일이요?

예진

뭐, 자세한 얘기는 안 하는데, 백소영이가
동생 걱정을 억수로 합니다.

건영

그래 어떻게, 또 만나기로는 했습니까?

예진

예. 친해져가 다음에 따로 밥 한번
먹기로 했어예.
그리고 강대일이 살아 있습니다.

건영

소재 파악된 겁니까?

예진

소재 파악까진 아니고
강대일이가 지금 조직원을 모으고
있다는 얘기가 있십니다.
약사도 구한다고 하구요.

건영

맞죠? 내가 살아 있다고 했죠, 강대일이

그놈.

예진

영감님 촉이 마, 억수로 좋습니다. 진짜.

건영

강대일이 이놈 중정이랑 어떻게든
엮여 있을 겁니다.

김계장

날아가는 새도 떨어트리는 중정인데,
영감님 이러시다가 진짜 잘못되면…

건영

책임은 내가 집니다. 옷을 벗어도
내가 벗고.

미소를 지으며 남은 커피를 후루룩 넘기는
건영.

18. 이케다 저택, 발코니 / 정원 /
거실 / 오후

(자막)

일본 오사카

2층 발코니에 서서 술을 마시는 유지.

조직원

(일어)

141

한국에서 손님이 오셨습니다.

韓国からお客様がお越しです。

조직원을 따라 정원을 걸어오는 금지와 기태
를 보는 유지.

(점프)

안내를 받아 계단을 올라오는 기태와 금지.
소파에 앉아 있는 유지.

유지

(일어)

오랜만입니다. 금지 씨.

ご無沙汰しております。クムジさん。

금지

(일어)

오랜만이에요. 이케다 씨.

お久しぶりです。池田さん。

유지

(일어)

오랜만이네요. 마츠다 씨.

お久しぶりです。松田さん。

이젠 백기태 씨라고 불러야 하나?

기태

백기태라고 합니다. 반갑습니다.

세 사람 사이에 묘한 긴장감이 흐르는데, 반대

편 빈 소파로 손짓하는 유지.

금지가 소파에 앉으며 세련된 인테리어에 널
찍한 저택을 훑어본다.

금지

집이 단출하니 좋네. 회장님은
좀 어떠세요? 좀 편찮으시다고 들었는데.

유지

아이는 잘 크죠?

금지

애가 지 아빠를 꼭 닮았어요.

유지

다행이네요. 미국엔 언제 가세요?

금지

미국엔 안 가려구요. 한국에서
할 일도 좀 있고.
좋아하는 남자가 생겼거든요.

금지가 말하면서 기태의 손을 잡는다.
그런 금지의 도발(?)이 귀엽다는 듯, 옅은 미
소를 지으며 시간을 확인하는 유지.

유지

식사하셔야죠.

금지

배고파 죽겠어요. 요 근방에 유명한
스시집이 있다던데?

유지

안 그래도 금지 씨 온다고 해서
예약해놨어요.

금지

(기태 보며)

자기 스시 좋아하잖아, 그지? 잘됐다.

유지

백기태 씨는 나랑 술 한잔해요.
따로 할 얘기도 있고.
금지 씨는 우리 직원이 모실 겁니다.
금지 씨는 역할을 다했으니, 지금부턴
백기태 씨가 마무리해야죠.
절 찾아온 목적이 고작 스시나
먹자는 건 아니었을 테니까.
안 그래요, 백기태 씨?

기태와 유지, 서로의 시선을 피하지 않는다.

19. 이케다 저택, 정원 / 오후

정원 테라스에 앉아 위스키를 마시는 유지와
기태.

유지

금지 씨도 알아요? 우리가 왜 만나는지?

기태

아니요. 아마 꿈에도 모를 겁니다.

유지

조만재 대신 나와 사업을 하고 싶다,
중정 과장이 직접.

기태

안 됩니까?

유지

황 국장은 알아요?

기태

알아야 합니까? 근데 황 국장을
어떻게…?

유지

예전에 일을 같이 했거든요.

기태

무슨 일을?

유지

그냥 비즈니스.

유지의 명함을 보는 기태.

143

©2026 Disney and its related entities.

기태

한일문화교류재단 이사장,

한일발전협의회 이사…

야쿠자가 이런 것도 합니까?

유지

돈 될 만한 일은 다 해요. 백기태 씨처럼.

기태를 물끄러미 보는 유지.

유지

이 사업 제대로 해볼 생각 있어요?

기태

그렇게 안 할 거면 시작도 안 합니다.

유지

다음에도 약속을 어기면,

내가 시간 낭비한 대가까지 톡톡히

치러야 할 거예요.

기태

협박으로 들리는데.

유지

협박 맞아요. 자신 없으면 빠지고.

유지에게 가까이 다가가 앉는 기태.

기태

한 가지만 물어봅시다.

(일어)

나 안 보고 싶었어요? 난 자꾸

생각나던데.

会いたかったですか?

自分は会いたかったです。

야릇한 분위기를 풍기며 시선을 마주치는 두

사람.

금지(소리)

미스터 백~ 자기, 나 없이 괜찮았어?

돌아보면, 금지가 쇼핑백을 들고 환하게 웃으

며 다가온다.

유지

쇼핑은 잘했어요? 금지 씨?

금지

(싱긋)

네. 우리 미스터 백 빤스 몇 장 샀어요.

20. 부산, 행사장 / 오후

'부산 시민의 날 기념행사' 현수막이 붙은 대

형 행사장.

행사가 끝난 듯, 정장을 갖춰 입은 내빈들이

삼삼오오 식사를 나눈다.

음식을 담은 그릇을 들고 황 국장이 앉은 테이
블로 향하는 건영.

건영

안녕하십니까, 국장님. 부산지검 특수부
장건영입니다.

황 국장, 이놈 봐라…? 하는 표정으로 건영을
위아래로 훑는다. 냉큼 앞자리에 앉는 건영.

황국장

아 그… 약쟁이들 잡으러 다닌다고 애
많이 쓰신다고.

건영

저야 뭐… 애는 국장님이 많이 쓰시겠죠.
부산 바닥에 난다 긴다 하는 인간들,
국장님 손바닥 위에 올려놓고 얼마나
노고가 많으시겠습니까.

황국장

무슨 말씀을 듣고 이러시는지는
모르겠는데,
마약 사건이 꼬리만 잡다 날 새기
딱 좋지. 뭐, 어려움이 많으시겠네.

건영

그래서 말씀인데 정보를 좀 얻을 수
있겠습니까?

황국장

무슨 정보?

건영

조만재 잘 아시죠? 만재파 두목.

두 사람 사이에 팽팽한 긴장감이 흐른다.
경쟁하듯이 새우를 까서 입에 구겨넣는 두
사람.

황국장

그쪽이 아는 만큼은 알겠지.
근데 뭐, 그놈 실종됐다고 보고받았는데,
아닌가?

건영

예, 맞습니다. 사라졌었죠.
아주 깔끔하게.
근데 제가 수사를 다시 시작할 무렵에
필리핀에서 이 조만재를 봤다는
목격자가 나타나더니, 곧바로 또 수사를
종결시켜버리더라구요, 윗선에서.

황국장

알고 싶은 게 뭔가? 정확히.

건영

그놈이 필리핀에 살아 있는 건지 아니면
어디서 뒈진 건지는 차치하고,
과연 누가 조만재 자리를 꿰차고

147

마약 사업을 이 부산 바닥에서
계속하는 건지.
저는 그게 궁금합니다.

순간, 황 국장의 눈썹이 꿈틀하고… 그 순간을
날카롭게 포착하는 건영.

황국장

처음 듣는 소린데.

건영

누가 먹기는 먹었거든요, 분명히.
남은 똘마니들 끌어모으고, 기술자도
새로 영입하고.

조용히 새우를 씹으며 생각에 잠긴 황 국장.

건영

아, 근데 오늘 그 친구가 안 보입니다.
백기태. 늘 함께 다니시던.
요즘 중정이 많이 바쁜가봅니다.

황국장

잘 까시네, 난 잘 안 까지는데.

건영

어떻게, 하나 까드릴까요?

황국장

(새우를 건네며)

좀 도와줄래요?

건영

아, 예. 여기 다릴 잡고 쏙 한 다음에
자, 하나 올리겠습니다.

황국장

예. 드세요.

건영

네.

21. 부산, 행사장 로비 / 오후

계단을 내려오는 건영을 기다리던 예진.

예진

영감님, 어떻게 됐습니까?

건영

시치미를 뚝 떼는 거 보니까 중정이
확실해요. 조만재를 처리한 건.

예진

그라믄 황 국장이 조만재를 죽이삐고
직접 뽕 장사를 한다, 이겁니까?

건영

황 국장은 마약에 대해선 잘 모르는 것
같아요.

예진

그럼 누고, 도대체?

건영

언제 만나요? 백소영은?

예진

영감님, 혹시 백기태가 황 국장 몰래
뽕 장사한다 생각하십니까?

건영

일단 던져놨으니까 두고 봅시다.
백기태가 진짜 마약 장사를 하는지.

22. 기태의 집 / 저녁

마주 앉아 저녁을 먹는 기태와 소영.

소영

오빠 미쳤어? 중정 과장이 뽕이라니.
무슨 생각으로 그러는 거야, 어?
우리 다 죽고 싶어서 그래?

기태

우리 다 살자고 이러는 거다.
엄마 돌아가시고 우리 삼남매 어떻게
부산에 왔어? 또 어떻게 살았어?
이렇게 살면 10년 20년 후에도
크게 달라질 게 없어.
이 빌어먹을 달동네에서 벗어날 수가

없다고, 소영아. 오빠 못 믿어?
1키로만 들여온다고 해도
원료비가 이십만 원, 만들어서 팔면 오백.
일본으로 수출하면 천오백.

소영

천… 천오백만 원이라고?

기태

나 혼자 하는 것도 아니야. 나 말고도
내 위로 다 같이 하는 거야.

소영

위로? 중정이? 얼마나 위로?

기태

아주 위로.

자신도 모르게 새어나오는 소리에 입을 막는
소영.

기태

그러니까 절대 걸릴 일 없다는 얘기야.

소영

아니야… 중독자들 생길 거 아니야.
나라 엉망 될 텐데,
새마을 새 시대를 열어가는 판국에,
오빠… 어후, 난 양심에 걸린다.

기태

그런 걱정은 안 해도 된다.
만들긴 한국에서 만들지만 다 일본으로
수출할 거야.

소영

일본?

기태

그래. 외화도 벌어들이고 우리가
수출 역군이 되는 거지.
사업이 잘되면 우리도 새 시대 여는 데
일조하는 거야.
새 시대에 걸맞게 우리 집안도 도태되지
않고 선두에 서는 거지.
그러니까 이것도 나랏일이고 애국이다.

소영

애국?

묘하게 설득당하는 소영.

기태

그래. 막내한텐 말하지 마라.
걘 알 필요 없으니까.

소영

응.

기태

그냥 넌 돈 관리 잘하고, 강대일만
감시하면 돼. 알았지?

소영

응.

23. 빈 축사 / 오후

천천히 축사를 둘러보는 기태. 대일이 뒤따
른다.
대일에게 담배를 건네는 기태.

대일

아, 예. 감사합니다, 행님.

기태

우리의 목표는 최고의 제품을 만들어서
일본 시장을 석권하는 거다.

대일

한국은예?

기태

우선 일본에만 집중해, 내 허락 없인
국내에 풀지 말고.

대일

알겠십니더.

기태

약사는 어떻게 됐어?

대일

눈썰미 좋고 손끝 야물딱져가지고,
이 바닥에선 이름깨나 날리는 양반인데,
진짜 어렵게 섭외해봤습니다.

기태

불순물을 최소화한 최상품 중의 최상품.
그래야 일본 애들을 사로잡을 수 있어.
알지?

대일

알겠십니더.

기태

그리고 한 명 더 추가될 거다.

대일

누군데예.

대일의 질문을 은근슬쩍 흘리는 기태, 축사 건
너편 출구로 나온다.

기태

경치 좋네.

대일

예, 좋네예.

기태

가보자!!!

대일

가보입시다!

24. 몽타주: 축사 / 오후

트럭에 실려 온 돼지들이 축사로 옮겨진다.

대일

야~ 돼지 왔다!

조직원

드가자~ 들어가고~ 들어가자~

분주하게 움직이는 조직원들을 지휘하는
대일.
돼지 악취에 코를 틀어막은 소영, 하나하나 장
부에 기입한다.
은근슬쩍 소영에게 다가오는 대일.

대일

냄새 마, 장난 아이지예.

소영

괜찮아요.

대일

이거 무면은 괘안을 낍니다.

소영에게 사탕을 건네는 대일. 고민하다 안
되겠는지 냉큼 사탕을 받아먹는 소영.

대일

강대일이라 캅니다. 말씀 많이
들었습니다. 힘든 일 있으면 말씀하이소.

소영

힘들긴요. 이것도 다 애국인데.

대일

…? 애국?
좋네, 아 냄새 고소하이 좋네! 돼지 밥
많이 멕여라!

(점프)

히로뽕 제조 장비와 온갖 집기들을 설치하는
김 약사.
제조실로 들어오는 대일.

대일

돼지 다 들여놨습니다. 시작하까예?

준비됐다는 듯 고개를 끄덕이는 김 약사. 제
조실을 나오는 대일을 붙드는 소영.

소영

저, 대일 씨. 궁금한 게 있는데,
돼지는 왜 데리고 온 거예요?
저것도 다 돈인데.

대일

뽕 만들 때 냄새 많이 난다 아입니까.

소영

근데요?

대일

돼지 똥냄새로 가려야지예.

(뒤돌아 가다 말고)

아 그…

소영

뭐요?

찡긋, 소영에게 추파를 날리고는 다시 축사로
향하는 대일.
소영, 그런 대일을 어이없이 보다 돌아서서 얼
핏 미소를 짓는다.

25. 부산 중정, 황 국장의 집무실 안 /
앞 / 오후

황 국장 앞에 놓인 돈가방.

황국장

어째 이번 달 건 좀 비어 보인다.

기태

아무래도 강대일이가 조직을 다시
수습하는 과정이다보니…

154

황국장

그건 그렇고, 오사카에서 누구 만났어?

황 국장의 질문에 쉽게 대답 못 하는 기태.

황국장

배금지.

기태

특별히 만난 사람은 없습니다. 쇼핑하고
관광하고.

황국장

쇼핑… 나는 지금 속이 타들어가
죽겠구만. 그년 지금 어딨니?

기태

애 본다고 본가에 머물고 있습니다.
이 주임이 지키고 있고, 내일부턴 제가
다시 붙기로 했습니다.

황국장

그래, 니가 수고가 많다. 두 시간마다
유선 보고해.

기태

예.

황국장

나가봐.

기태가 인사를 하고 밖으로 나가면, 의자에 앉
아 대기하고 있는 표 과장.
울리는 인터폰을 받는 비서.

비서

(통화)

예.

황국장(소리)

표 과장 들어오라고 그래.

비서

(통화)

예, 알겠습니다.

(표 과장 보며)

과장님, 들어오시랍니다.

서둘러 집무실로 들어가는 표 과장.

황국장

알아봤어?

표과장

예. 백기태, 오사카에서 이케다 유지
만났답니다.

황국장

최유지?

155

표과장

예.

황국장

백기태가 최유지를 만났다… 이 새끼
봐라?
뽕 장사를 접으라고 했더니 아예 발 벗고
나선다?

표과장

강대일이랑 둘이 만재파를 아예 먹은 거
같습니다.

황국장

아주 내가 그냥 호랑이 새끼를
키웠구만. 응?
중정에서 뽕 장사한다고 소문이라도
나면 아주 볼만하겠다. 볼만하겠어.

표과장

국장님, 근데… 그게 수익이 엄청나긴
하답니다.

황국장

그래?

표과장

예.

황국장

얼만데?

표과장

정확히 계산해서 보고드리겠습니다.

황국장의 입가에 비릿한 미소가 흐른다.

26. 서울 외곽, 성당 본당 / 오후

텅 빈 본당 안. 무릎을 꿇고 기도하는 금지와
기다리는 기태.
기도를 마치고 기태 옆에 앉는 금지.

기태

무슨 기도했어요?

금지

국가의 안녕과 세계 평화.

진지한 금지의 말에 웃는 기태.

금지

진짠데? 자긴 기도 안 해?

기태

기도하면 들어줍니까?

금지

그럼. 간절히 원하면 들어주시지.

기태

배금지 씨는 진짜로 원하는 게 뭐예요?
수첩 진짜 있어요?

금지

자기는 진짜 원하는 게 뭐야? 돈? 권력?
사랑? 다 갖고 싶지?
아무도 날 깔보지 못하게. 나도 그래,
당신처럼.

27. 부산 중정, 황 국장의 집무실 /
성당 앞 / 본당 / 오후

황국장

니미 씨팔. 인사 똑바로 해 새끼야!!

비서를 향해 화를 버럭 내며 집무실로 들어오
는 황 국장. 울리는 전화기를 잡아 든다.

황국장

여보세요. 야! 너 어디야?! 배금지
어딨어?

(점프)

성당 앞 공중전화로 보고 전화를 하던 기태.
황 국장이 냅다 소리 지르자 당황한다.

기태

(통화)

지금 예배 보고 있습니다.

황국장(소리)

그년이 오늘 각하를 만나시겠단다.
조금 있다 각하께서 서울대 시찰을
가는데 그년이 거기를 오겠단다,
이 미친년이.

(점프)

그 시각, 주위를 살피며 빠른 걸음으로 성당을
빠져나오는 금지.

황국장(소리)

야! 너 그년 놓치면은 너랑 나랑 완전
끝장인 거 알지?

(점프)

수화기를 들고 있는 기태의 얼굴에 핏기가 싹
가신다.

황국장(소리)

알아 몰라, 새끼야?!

수화기를 내던지고 냅다 달려가는 기태.

(점프)

대기하고 있던 차에 올라타 사라지는 금지.

(점프)

예배 중인 본당의 문을 열고 들어오는 기태.
금지가 있던 자리를 확인하는데, 이미 사라진
후다.

157

기태

배금지…!!!

28. 안가, 서재 / 오후

소파에 앉아 담배를 피우는 나용철, 어딘가를 노려보고 있는데…
나용철의 시선이 향하는 곳에 앉아 있는 금지.

금지(NA)

**나용철, 대통령 비서실장. 천석중의
유일한 라이벌이자 가장 가까운 적.**

나용철

애 하나 싸질러놓고, 팔자 한번
고쳐보겠다는 거야?

금지

뭐… 가능한지 한번 해보려구요.

나용철

애는 하난데 애비가 대체 몇 명이야?
여기저기서 다 뜯어내겠다는 건가.

금지

음…

나용철

애 아빠가 누군진 너도 알고 나도 알아.

금지

진실보다는 사람들이 뭘 믿느냐,
그게 중요하죠, 실장님.
어차피 다들 믿고 싶은 대로 믿으니까.

나용철

그래서 그걸 그냥 믿게 놔두겠다?

금지

아니 뭐, 나한테 나쁠 게 없는데
굳이 나서서 이렇네 저렇네 떠들
필요가 있나요?
뭐, 정 답답하면 실장님께서 직접
밝히시든가.

눈 하나 깜짝 안 하는 금지의 태도에, 분을 삼키는 나용철.

나용철

나라 꼴이야 어찌 되든 너 살 궁리만
하겠다는 거야?
니가 들쑤시는 사람들, 다 나랏일
열심히 하는 사람들이야.

금지

그러니까… 그러니까 나 좀
도와달라구요!
나도 열심히 나라 걱정 좀 해보게.

나용철

너 그러다 진짜 죽는 수가 있어.
니까짓 것 하나 없애는 거,
일도 아닌 거 몰라?

금지

암튼 누가 뭐래도 난 여기서 계속
살 거니까, 나 좀 도와줘요.
아니, 우리 사이가 그 정도는 되지 않나?
응?

어느새 말을 놓은 것도 모자라, 거만하게 다리
를 꼬고 담배를 피워 무는 금지.

금지

실은 나 사업을 좀 해볼까봐요.
전부터 생각하던 건데…
천운각보다 더 큰 요정을 한번 해보면
어떨까?
뭐 사고 싶은 건물이랑 땅도 봐뒀고.
음… 나는 남들 다 있는 별장도 한 채
있으면 좋을 거 같은데, 어때요?

더는 참기 힘든 듯, 자리에서 벌떡 일어서서
방을 나가려는 나용철.
그러나 물러서지 않는 금지, 나용철을 올려다
본다.

금지

실장님, 흘려듣지 마세요. 오늘 내가

한 말은 전부 다 진심이니까.

분노에 찬 나용철, 재떨이를 집어 들고 금지를
향해 내던지려 한다.

나용철

야 이 미친년아. 니가 지금 날 협박해?

나용철을 보며 웃음을 터트리는 금지.
광기 어린 그녀의 모습에 주춤하는 나용철.

29. 부산 중정, 황 국장의 집무실 / 밤

황국장

그러니까, 각하가 아니라 나 실장을
만나러 갔다?

표과장

예.

시가에 담뱃불을 붙이는 황 국장.

황국장

에휴, 미친년. 아주 그냥 지 죽을 자리를
찾으러 간 거지 아주…
백 과장은?

표과장

지금 서울에서 대기 중입니다.

황국장

기집년한테 홀려가지고 븅신새끼…
암튼 난 년은 난 년이다.
기어이 벌집 들쑤셔갖고 윗전들
다 뒤집어지게 만들고.
이게 순진한 건지, 멍청한 건지…
(표 과장 보며)

야.

표과장

예.

황국장

너, 사랑해봤어?

표과장

아직 잘 모르겠습니다.

황국장

그년이 사랑받고 싶어서 그래.
씨발년…

30. 호텔, 라운지 / 밤

달콤함 속에 음울함이 깃든 묘한 분위기의 멜
로디가 흐르는 호텔 바.
기태와 앉아 음악을 듣는 금지.

금지(NA)

그래. 그 사람을 마지막으로

만났던 밤이야.
먼저 만나자고 연락이 온 건 처음이라,
무슨 일인가 했지.

은은한 미소를 짓는 금지.
옆으로 시선을 던지면, 멀끔한 양복 차림의 기
태가 담배를 태우고 있다.
눈길도 주지 않는 기태를 그윽한 눈빛으로 바
라보는 금지.

금지

자기, 나 때문에 삐졌어?

툭. 금지 앞에 여권을 내려놓는 기태.

기태

돌아가요.

금지

진짜 이럴 거야? 술맛 떨어지게.

일순 표정이 굳는 금지, 조용히 위스키 잔을
기울인다.

금지

그 사람들 나 어떻게 못 해. 나한텐
수첩이 있잖아.

기태

그거 넘기고 한국 떠나요. 명대로 살려면.

금지

그거 넘기면 나 죽어.

기태

안 넘겨도 마찬가집니다.

금지

왜 이렇게 겁을 주고 그러시나.

남은 위스키를 단번에 털어넣는 기태, 금지의
손목을 지그시 움켜쥔다.

기태

말장난 그만하고 수첩 당장 넘겨요.

금지

싫다면 어쩔 건데?

기태

오늘을 못 넘길 수도 있어.

금지

자긴 어쩜 협박하는 것까지 멋있냐?
이런 거 막 연습해? 거울 보고?

금지의 농담에, 더 싸늘해지는 기태의 표정.

금지

아! 아 아파…

기태에게 잡힌 손목을 신경질적으로 빼내는
금지. 못 말리겠다는 듯, 옅은 한숨.

금지

그런 건 처음부터 없었어, 수첩 말이야.
처음부터 없었다고 솔직하게
말하는 거야.
자긴 진즉에 눈치챘을 거 같아서.

천천히 손을 뻗은 금지, 야릇한 미소와 함께
기태의 손을 매만진다.

금지

오늘 밤 나랑 같이 있어줘. 혼자 있기
싫어. 오늘을 못 넘길 수도 있다며.
혹시 내가 위험해지면 자기가 나
구해줘야지.

기태

내가 왜 그래야 되는데요.

금지

…내가 모를 줄 알았어? 자기가
최유지랑 무슨 거래를 하는지?
내가 모를 줄 알았냐고. 자기가 나한테
이러면 안 되지.

기태, 자신의 얼굴로 향하는 금지의 손길을 멍
하니 받아낸다.

기태를 향해 뜨거운 시선을 보내지만… 묘하

163

게 슬픈 금지의 눈빛.

금지

자기… 자기야… 자기 나 좋아하잖아.

31. 호텔, 객실 / 밤

욕실 나이트가운을 입고 거울을 보는 금지.
아직 홍조가 채 가시지 않은 말간 얼굴에 일말
의 불안감이 스친다.

금지

미스터 백~ 자기…?

금지가 기태를 부르며 욕실 밖으로 나오면,
기태는 온데간데없고, 재떨이에 담배 연기만
피어오른다.
표정이 가라앉는 금지… 소파에 웅크리고 앉
아 창밖을 바라보면,
까만 밤하늘을 새하얗게 물들이며 내리는 함
박눈.
아이처럼 천진한 웃음을 짓다가… 괜히 눈물
이 나는 금지.

32. 호텔 앞 / 차 안 / 밤

호텔 앞에 펑펑 내리는 눈. 담배를 피우는 금
지, 도착한 차에 오른다.
한편, 주차장에 서 있는 차 안. 멀어지는 금지
의 차를 바라보는 기태.

33. 외곽 도로 / 밤

전방을 주시하며 운전하는 금지의 친오빠, 룸
미러로 금지를 힐끔 본다.

금지

오빠, 성국이 생일이…

금지오빠

다음 주 토요일.

금지

성국이 데리고 창경원에 갈까? 코끼리도
보여주고.

금지오빠

금지야. 우리 이제 그만하자.
성국이 데리고 우리 미국 가자. 어?
내가 뭐든 해서 잘 키워볼게.

금지

오빠 억울하지 않아? 난… 억울해,
이 세상이.

이때, 금지의 얼굴로 헤드라이트 불빛이 쏟아
지고… 금지가 앞을 보면,
금지의 차 앞으로 정체불명의 검정색 지프가
금지의 차를 막아 세운다.
지프에서 내리는 사람들, 운전석에 탄 금지오
빠를 끌어내린다.

이주임

빨리 빨리 끌어내!

중정3

내려, 이 새끼야!

금지오빠

뭐야, 니들!

중정1

내려!

금지오빠

니들 누구냐고!

중정1

일로 와, 똑바로 걸어!

금지오빠

니들 뭐야! 놔!

놀란 금지의 얼굴 뒤로 또 다른 헤드라이트 불빛이 쏟아진다.
보면… 뒤에서 막아선 차에서 내리는 사내…
불빛 때문에 잘 보이지 않는데, 사내가 금지의 차로 걸어온다.
똑똑. 차창을 두드리는 사내.
창문 너머로, 잔뜩 겁에 질린 금지의 눈에 들어오는 기태!
기태의 얼굴을 확인하자, 안도의 한숨을 쉬며

차창을 내리는 금지.

금지

뭐야… 놀랐잖아.

상황이 심상치 않음을 직감한 금지, 말없이 기태와 눈을 마주친다.
알 수 없는 기태의 눈동자, 그 눈빛을 뚫어지게 응시하는 금지… 떨리는 손으로 담배를 꺼내 문다.
기태의 총구가 어느새 담배를 피우는 금지에게 향하고,
영겁 같은 찰나의 시간이 두 사람 사이에 흐른다.

금지(NA)

그냥 보내주면 안 돼?

탕! 어둠 속에서 날카로운 총소리가 울려퍼진다.

（인서트）

천운각 / 밤

불어오는 바람에 흘날리는 치맛단.
천운각 입구에 서서 쓸쓸한 표정으로 카메라를 응시하는 금지.

금지(NA)

다시… 사랑하고 싶었는데.

165

제4화
아버지의 이름으로

1. 프롤로그: 히로뽕의 역사

히로뽕의 역사가 자료화면으로 보여진다.

건영(NA)

메스암페타민, 필로폰, 일명 히로뽕.
먹으면 잠이 안 오고, 공포심이 사라지고,
한마디로 뽕 가는 이 신기한 약은
태평양 전쟁 중 발명되었다.
히로뽕을 먹은 군인들은 공포심을 잊은 채
적진으로 뛰어들었고, 강제 징용자들에겐
밤샘 노동을 강요하는 도구가 되었다.
문제는 전쟁이 끝난 후였다.
광복과 함께 가족들의 품으로 돌아온
이들은, 많은 게 달라져 있었다.

(점프)

어린 건영의 집. 문밖에 우두커니 서 낡은 철
문을 두드리는 남자.
어린 건영이 다가가 문을 열면,
초점을 잃은 퀭한 눈으로 아들을 바라보며 머
리를 쓰다듬는 남자, 건영의 아버지다.
몰라보게 달라진 아버지의 모습에 얼어붙은
어린 건영.

건영(NA)

그토록 보고 싶던 아버지를 만난 어린
아들은, 예전과 달라진 아버지의 모습에
두려움을 느꼈다.

(점프)

방 안. 한여름에도 솜이불을 뒤집어쓴 건영의
아버지가 히로뽕 주사를 팔에 꽂는다.

건영(NA)

그도 그럴 것이, 아버지는 히로뽕 중독자가
되어서 돌아왔던 것이다.

(점프)

마당으로 뛰쳐나오는 건영의 아버지, 대낮에
약에 취해 낫을 휘두르며 난동을 피운다.
갓난아이를 방에 홀로 두고 나온 부인. 그를
뜯어말리는데…
곧이어 부인의 비명 소리가 들리고, 갓난아이
가 울음을 터트린다.

(점프)

학교에서 돌아온 건영, 사람들이 몰려 있는 집
대문을 보며 불길한 예감에 휩싸인다.
건영의 걸음이 곧 뜀박질로 바뀌고, 사람들을
비집고 집 안으로 들어서면,
한쪽에 피 칠갑이 되어 누워 있는 어머니의 발
이 보이고, 약에 취한 아버지가 구석에 묶여
있다.
아버지를 지나쳐 방 안으로 들어가 울고 있는
어린 동생을 안고 나오는 건영.
유난히 찬란한 오후의 햇살…

건영(NA)

그렇게 히로뽕에 중독되어 아내를 죽인

이 자의 이름은 장명호.
내 아버지다.

2. 타이틀 시퀀스

음악과 함께 시작되는 타이틀 시퀀스.

"MADE IN KOREA"

3. 정신병동, 면회실 / 오후

휠체어에 앉아 있는 주름이 깊게 파인 얼굴.
건영의 아버지다.
사 온 단팥빵을 건네는 건영, 우유병을 따서
아버지에게 건넨다.

건영

드세요.

아버지가 단팥빵을 허겁지겁 입안으로 넣
는다.

건영(NA)

어릴 적에 아버지는 단팥빵을
자주 사 오곤 했다.
나는 단팥빵이 지겨워서 다른 과자를
먹고 싶다고 했는데, 그래도 아버지는
단팥빵을 사 왔다.
나중에야 알았다. 엄마가 단팥빵을
좋아했다는 것을.

아버지는 내가 아니라 엄마 먹으라고
단팥빵을 사 왔던 것이다.

아버지

엄마는 잘 있지? 여편네 딴 놈이랑
바람난 거 아니야…!
(울먹)
다음에 올 땐 엄마랑 꼭 같이 와.

건영(NA)

아버지는 엄마를 죽인 이후로
정신병원에 갇혀 있었다.
자신이 무슨 짓을 했는지 기억도 못 한 채,
엄마를 찾고 있는 것이다.

4. 경기도 외곽, 염색 공장 / 오후

장갑도 끼지 않은 맨손으로 천을 염색하는 여
공들.
열악한 작업환경에도 불구하고 열심히 일하
는데,
창밖에서 그런 여공들 사이 누군가를 찾는 듯
한 얼굴의 건영.
작업반장이 건영의 동생, 혜은에게 다가와 말
을 전한다.

작업반장

혜은 씨, 일로 와. 아이 빨리 와, 저기
오빠 왔어.

혜은

오빠요?

작업반장

어. 빨리 가봐.

작업반장의 말에 급하게 손을 닦고 작업장을
나가는 혜은.

작업반장

(남은 여공들에게)

아이 빨리빨리 좀 합시다!! 오늘 물량
안 맞출 거야?!

5. 공장, 휴게실 / 시골길 / 오후

오빠 건영에게 커피를 타주고 마주 앉는
혜은.

건영

넌 별일 없고?

혜은

똑같죠, 뭐… 점점 좋아지겠죠.

건영

참, 기타 실력은 좀 늘었어?

혜은

그걸 오빠가 어떻게 알아요?

건영

아, 어떻게 알긴, 지난번에 니가
얘기해서 알지.

혜은

어… 그랬나?

건영

잘 쳐?

혜은

아이… 그냥…

건영

거 한번 쳐보면 되겠네. 기타도 있고.

혜은

아, 됐어요. 창피하게.

건영

뭐가 창피해. 한번 쳐봐. 혜은이
기타 솜씨 좀 한번 보자.

건영이 자리에서 일어나 기타를 가져와 혜은
한테 건넨다.

혜은

(부끄러운 듯)

못 쳐도 흉보기 없기예요.

171

건영

내가 니 흉을 왜 봐?

혜은이 기타를 잡는다. 서툰 솜씨지만 오빠
앞에서 열심히 실력 발휘를 한다.
그 모습을 지그시 바라보는 건영. 혜은의 거
친 손이 건영의 눈에 밟힌다.

혜은

(노래)

긴 밤 지새우고 풀잎마다 맺힌~
진주보다 더 고운 아침 이슬처럼,
내 맘에 설움이…

서정적인 기타 선율이 건영의 마음을 파고
든다.

(점프)

시골길을 달리는 차량 안.
생각이 많아 보이는 얼굴로 운전대를 잡고 달
리는 건영.

제4화 아버지의 이름으로

6. 법원, 법정 / 오후

삼촌과 함께 온 희정이가 젖병을 물고 방청석
에 앉아 있다.
희정이의 부모를 잔인하게 살해한 미군 병사
로버트 블런트와 지미 월터즈.

그들이 피고인석에 앉아 주변을 두리번거
린다.

판사

검사. 구형하세요.

법복을 입은 건영이 자리에서 일어난다.
미군 병사들은 감형을 약속한 기억을 떠올리
며, 건영의 입을 주시한다.

건영

피고 로버트 블런트와 지미 월터즈는
일천구백칠십년 삼월 이일 십구시
삼십분경 피해자 김태영과 이순이의
집을 방문, 히로뽕을 요구하는 과정에서
그들을 무자비하게 살해했습니다.
살해 도구로 발견된 칼과 참혹했던
현장 증거는 이들이 범행 과정에서
살해 결심이 확고했다는 것을
증명합니다.
이에 본 검사는 마약 중독의 위험성과
사회의 경각심을 높이기 위해
피고인들에게 엄중한 책임을 묻고자
합니다.
피고 로버트 블런트, 피고 지미
월터즈에게 사형을 구형합니다.

방청석 곳곳에서 환호성이 터진다.
영문을 몰라 어리둥절한 미군 병사들, 법무관
에게 묻는다.

로버트

(영어)

몇 년인데? 5년? 10년?

How long? Five? Five years? Ten?

판사

정숙하세요!

아무것도 모르는 희정이는 젖병만 물고 있다.

7. 부산지검, 차장검사실 / 오후

공소장을 보며 골치 아파하는 차장검사.

차장검사

어휴, 사형? 감형해주기로 약속했다며!
그래서 양놈들도 수사에 적극적으로
협조한 거고.

차장검사실에 붙어 있는 푯말 액자를 보며 수평을 잡는 건영.

건영

(푯말 읽으며)

원칙을 따라 정도를 걷는 검찰!

차장검사 쪽으로 다가오는 건영.

건영

저 약속 안 했는데요. 고려를 해보겠다
했지. 그리고 사형이 맞습니다.
칼로 잔인하게 목을 잘라서 죽였어요.
이순이는 뱃속에 애가 있었고.

차장검사

알아, 아는데 너 미국 애들이 가만있을 거
같애? 한미 관계는 어쩔 건데?

건영

그 한미 관계는 외무부가 극진히
신경 쓰고 있는 걸로 알고 있습니다.
참, 그 듣자 하니까 미국에서도 뭐 대통령
지시로 연방 마약단속국이라는 게
생겼다고 하는데, 그러니까 우리도
그런 거 하나 만들어보면 어떨까요?
차장님이 총장님께 건의를 해서
각하께 잘 말씀을 드리면,
이참에 하나 만들어지지 않겠습니까?

차장검사

너 요즘 뭐 하고 돌아다니냐? 왜 자꾸
자리를 비워?

건영

뭐, 하던 거 계속하고 있습니다.

차장검사

그러니까 그게 뭐냐고.

173

건영

제 일.

차장검사

무슨 일!

건영

나쁜 놈 잡는 일. 예, 제 일.
일이 있어서 그만 가보겠습니다.

차장검사

너 다시 한번 경고하는데, 괜히 중정
들쑤시지 마라.

건영

뭐, 중정이 마약이랑 엮이지만 않았다면
그럴 일이 있겠습니까?
가보겠습니다. 차장님.

차장검사

(고개 내저으며)

어휴, 미친놈…

8. 부산 중정, 황 국장의 집무실 / 오후

황국장

수첩은?

기태

없었습니다.

황국장

없어?

기태

예. 애시당초 수첩은 없었다고 했습니다.

황국장

미친년이네, 그년이.
아니, 수첩도 없으면서 지금까지
그 지랄을 했어? 그지?

자리에서 일어나 기태에게 다가오는 황 국장.
홀스터에서 총을 꺼내 만지작거린다.

황국장

너 배금지 그년이랑 붙어먹었지?
그래서 일본도 같이 가고 최유지도
만나고.
강대일이 살리자고 할 때부터 전부 다
계획한 거였지?

기태를 향해 총을 겨누며 다가오는 황 국장,
기태의 이마에 총구를 갖다댄다.

황국장

야, 중정 과장이란 새끼가 마약 사업을
해?! 어?!

기태가 황 국장에게 떠밀려 벽에 몰린다.

황국장

남들이 알면 뭐라고 그러겠니? 새끼야!

퍽—! 권총으로 기태의 머리를 가격하는 황
국장.
바닥에 쓰러지는 기태… 구둣발로 기태를 마
구 짓밟는 황 국장, 이를 악물고 버티는 기태.

황국장

야, 내가 모를 줄 알았냐? 날 속여? 감히?
어?

걷어차는 황 국장의 발을 잡아 붙드는 기태.

기태

잘못했습니다. 잘못했습니다, 국장님!

황국장

놔!

재빨리 턱— 무릎을 꿇는 기태. 황 국장을 똑
바로 올려다본다.

기태

한 번만 기회 주시면, 제 목숨을
바치겠습니다!

황국장

아 놔! 이 병신, 이거.

분이 안 가시는 황 국장, 기어이 권총을 기태
의 머리에 겨누는데,
턱! 황 국장의 총을 두 손으로 잡는 기태.

기태

2억입니다! 매달 2억씩 국장님께 갖다
바치겠습니다!

황국장

이게 죽을라고 환장을 했네. 야, 남들이
알면 우리 둘 다 죽어, 이 새끼야.

기태

그럴 일 절대 없습니다. 설령
잘못되더라도 강대일이만 정리하면
됩니다.
국장님, 2억입니다! 매달 2억! 나중에
더 큰 돈을 벌 수도 있습니다.
언제까지 천 실장 비위나 맞추면서
살 순 없지 않습니까?

황국장

뭐 이 새끼야?!

기태

제가 반드시 국장님 청와대
보내드리겠습니다.

고민하는 듯 입맛을 다시는 황 국장.

황국장

3억 만들어봐. 매달 3억. 자신 없으면
뒤지든지.

총의 해머를 당기는 황 국장. 고개를 끄덕이
는 기태.

9. 부산 중정, 옥상 / 오후

부산항이 보이는 옥상. 씩씩대며 옥상으로 들
어와 표 과장에게 달려드는 기태.

기태

니가 찔렀지, 이 씨발놈아!

표과장

왜 그래. 나 아니야. 아휴, 왜 그래.
놀래라…
야, 황국장이 다 알고 있었어.
부산지검에 장건영 검사가 찾아와서
니가 강대일이랑 붙었다고 그랬대.

흥분하며 달려드는 기태를 진정시키려 애쓰
는 표 과장.

기태

장건영이 그랬다고?

표과장

응.

기태

그 새끼가 어떻게 알고?

표과장

몰라, 씨발놈아. 너 조심해라. 그러다 너
진짜 죽을 수도 있어.

기태

나 천석중 좀 만나자.

당황한 표정의 표 과장.

기태

왜, 내가 모르는 줄 알았어?
너 천석중이 황 국장 감시하라고
심어놓은 쥐새끼잖아. 어?

표과장

언제부터 알았어?

기태

언제부터 알았는지 그게 중요해?

표과장

황 국장도 알고 있어?

기태

아니.

표과장

왜 말 안 했어? 말하지.
천 실장이 심어놓은 놈 잡았다, 냅다
일러바치지.

기태

굳이 그럴 필요 있어?

표과장

아~ 껍대가리 상실한 개돼지새끼인 줄
알았는데, 씨발놈이.
아휴… 여우네.

기태

천석중, 꼭 보자. 보답은 두둑이 할게.

10. 교차: 청와대, 경호실장실 / 표 과장 집무실 / 오후

표 과장과 통화하는 천석중.

천석중

(통화)

백기태가 내를? 와?

표과장

(통화)

드릴 말씀이 있답니다.

천석중(소리)

황 국장이 빼돌린 기 얼마고?

표과장

10억쯤 됩니다.

천석중

오야, 그래. 생각해보고 답 줄게.

표과장

예. 알겠습니다.

11. 편물점 / 오후

라디오에서 흘러나오는 남진의 노래.
예진과 소영이 뜨개질을 하며 수다를 떨고
있다.

예진

나훈아, 남진? 하나, 둘, 셋!

소영

남진!

예진

나훈아!

소영

으휴, 갱상도 사람 맞네예.

예진

뭐라노, 야! 경상도고 전라도고,
노래하면 당연히 훈이 오빠 아이가?

소영

난 진이 오빠가 더 좋던데.

예진

가시나, 잘됐네. 진이 오빠는 니 갖고,
훈이 오빠는 내 갖고.

소영

야, 그게 우리 갖고 싶다고 갖는 거니?
훈이 오빠가 니 꺼 한대?

예진

아님 말고. 근데 소영아. 니 진짜로
은행 그만뒀나?
아니, 그래 좋은 직장을 와?

소영

그냥. 남의 돈 만지는 것도 지겹고.

예진

새 직장은 구했나?

소영

아니. 좀 쉬려고.

예진

오빠야가 별말 안 하나? 야, 그 남들은
그 못 들어가서 안달 아이가.

소영

응… 우리 오빠는 그런 거 가지고…

(시계를 확인하고는)

어! 맞다!
순영아, 나 먼저 갈게. 약속 있어서.

예진

무슨 약속?

소영

나 영화 보기로 했거든.
신성일 나오는 거.

예진

야, 나도 신성일 좋아한다.
같이 가면 안 되나?

소영

어?!

예진

왜? 니 데이트 하나 혹시?

소영

(발그레)

가시나, 눈치 하나는… 내가 나중에

연락할게.

예진

누군데? 야! 전화해래이!

소영이 새침하게 핸드백을 챙겨 밖으로 나간다.
유리창 너머 소영을 주시하는 예진, 곧이어 밖에서 기다리던 건영이 몰래 소영의 뒤를 따른다.

12. 극장, 상영관 / 오후

스크린에는 영화가 상영 중이다.
숨죽인 채 영화를 관람하는 소영 옆으로 대일이 보이고…
몇 좌석 뒤, 그들을 지켜보는 건영.

대일

소영 씨, 화장실 좀 갔다 올게요.

소영

네.

13. 상영관 밖, 계단 / 오후

상영관에서 나와 화장실로 향하는 2층 계단을 오르는 대일.

건영

대일아.

뒤돌아보면, 대일을 따라 계단을 오르는 건영이다.

건영

오랜만이다. 연애도 하고.
자기 동생이 깡패새끼랑 연애하는 거 알면 가만히 있을까? 백기태가?

대일

와 또 이러는데. 내 저번에 시키는 대로 다 했다 아입니까?

건영

그땐 그때고. 주인공이 바뀌었잖아, 지금. 다 알고 왔어.
너 뽕 장사하지? 백기태랑. 다음 달에 동생 결혼식장에 가야지.
교육자 집안이랑 사돈도 맺고…
집도 사줬다며, 니가.
조만재 뽕 빼돌려서 돈 많이 벌었네~ 대일이.

수첩을 꺼내는 건영, 전화번호를 적어 대일에게 건넨다.

건영

이 번호로 전화해. 첫 뽕 나오면.

대일

…영감님.

건영

왜?

대일

내 하나만 물어보입시다. 중정하고
싸워가 이길 수 있겠습니까?
내가 봤을 땐 검사님이 지지. 중정이
우리나라 남바원 아입니까?

퍽! 대일을 잡아 집어던지는 건영.
대일이 바닥으로 쓰러지자, 발길질을 퍼붓는
다. 퍽 퍽!!

건영

이 깡패새끼가.

건영이 대일의 머리통을 휘어잡아 끌어올
린다.

건영

똑바로 해. 첫 뽕 나오면 연락해!

14. 교차: 마약 수사반 /
도청 사무실 / 저녁

마약 수사반에 울리는 전화벨. 건영이 전화를
받는다.

건영

(통화)

예, 부산지검 장건영입니다.

기태

(통화)

백기탭니다.

(점프)

부산지검 근처 도청 사무실에서 전화를 건
기태.

건영

오랜만입니다. 근데 어쩐 일로.

기태

식사하셨습니까?

건영

아직 전입니다.

기태

잘됐네요. 같이 식사할까요?
전에 그 돼지국밥 얘기하셔서
밀양집이라고 부산 토박이들만
아는 곳이 있는데, 아주 국물이 찐하고
좋습니다.

건영

그러지 말고 이쪽으로 오시죠?

181

여기 지검 앞에 맛있게 하는 데 있는데.
그냥 오붓하게 둘이서 시켜 먹죠.
여기 직원들 다 퇴근하고 없으니까,
편하게 오셔도 됩니다.

기태

알겠습니다. 8시까지 가겠습니다.

15. 부산지검 앞 / 저녁

비가 쏟아지는 부산지검 앞.
도착한 차에서 내리는 기태, 계단을 올라 지검
안으로 들어간다.

16. 마약 수사반 / 저녁

마주 앉아 건배하는 기태와 건영, 빈속에 소주
를 털어넣는다.
건영이 기태에게 소주를 따라준다. 다시 한
번 잔을 부딪치는 두 사람.

건영

(건배)

자! 아 좋다…
그래, 뭡니까, 이유가. 날 보자고 한.

기태

뭐, 밥 한 끼 하기로 했으니까,
밥도 먹고 제대로 인사도 드릴 겸 뵙자고
했습니다.

건영

인사는 무슨. 그 특유의 느낌이 있는 거
알아요? 백 과장한테?

기태

무슨 느낌을 말씀하시는 건지.

건영

지금 이런 느낌. 예의가 바르다는 거,
지나치게.

기태

칭찬으로 듣겠습니다.

건영

칭찬은 무슨 칭찬. 아, 되게 중정스럽다는
말입니다, 예?
앞에서는 젠틀한데, 뒤에서는 흉폭한
야누스의 얼굴.

기태

제가 조만재 때문에 영감님 마음을
상하게 했나봅니다.

건영

아니 다행입니다.

기태

마음에 담아두지 마시고, 오늘 좋게
푸시죠.

기태가 정중한 태도로 건영의 술잔을 채운다.

건영

(떠보듯)

예. 그래… 조만재는 잡았어요?

기태

조만재가 실종됐습니다.

건영

실종?

기태

종적을 감췄어요. 뭐 필리핀에서 봤다는
목격자가 나오긴 했는데.

건영

죽은 거요?

기태

조만재가요?

건영

예… 이 한때 조만재 뽕으로 도배가
됐었지, 이 부산 바닥이.
바다 건너 일본에서도 난리가 났었고.
근데 지금 씨가 말랐어요. 이 뽕이.
갑자기 사라졌다, 그 잘나가던
조만재가… 왜? 죽인 거지.

기태

누가 죽였는데요?

건영

나중에 얘기하기로 하고.
그래, 중정에는 왜 들어갔어요,
백기태 씨는?

기태

애국하러 갔습니다.

건영

애국? …내가 재밌는 얘기 하나
해드릴까?

기태

뭡니까. 재밌는 얘기가.

건영

내가 예전에 서울에서 뽕쟁이 하나를
잡았거든요. 응?
근데 이 새끼가 꿈이 일본에 뽕을
수출해서 외화도 벌고, 한국 뽕으로 일본
열도를 초토화시키는 거라나?
그게 애국이 아니면 뭐냐고. 이게 애국이
참 다양합니다. 예.

기태

재밌네요.

183

건영

재밌는 얘기 하나 더 해드릴게,
백기태 씨. 난 상관 안 해요.
중정이건 중정 할애비건. 날 상대하려면
각오는 해야 될 거야.
난 쉽게 꺾이지 않아요.

기태

무슨 말씀을 하시는지 통 알 수가
없어서… 영감님, 아휴 타이밍이 참…
장혜은 아시죠? 경기도 김포에 있는
염색 공장에서 일하는…
장혜은 씨가 기타 서클에 가입을 했는데,
거기 기타 선생이 북에서 공작금을
받았다는 첩보가 들어왔어요.
동생분한테 빨리 거기서 나오라고
하세요.

건영

이 뭐, 고맙다고 해야 되나?

기태

별말씀을. 영감님이나 저나 나랏일 하는
사람들인데, 서로 돕고 살아야 하지
않겠습니까?

건영

동생 쪽이 육사 수석으로 졸업했죠?
근데 고등학교 다닐 때 큰 사건이
있었다고, 백기현이.

기태

갑자기 남의 가정사는 왜 들추고
그러십니까?

건영

아니, 우리 백 과장님이 내 가족사에
관심이 있는 거 같아서,
나도 관심 좀 가져보려고.

기태

진짜 궁금해요?

건영

곤란하면 말고. 곤란하네, 응…
다른 걸로 하나 더 곤란해봅시다.
저 천장 위에 형광등!

자신의 자리로 가 형광등을 가리키는 건영.

건영

그리고 여기!

기태 앞에 전화기를 던지듯 놓는 건영. 수화
기를 열어보면 도청기가 심어져 있다.

건영

그리고 이거! 예?! 이것도 애국입니까?
응?
중정이 검사를 도청하는 것도
애국입니까?!

기태

하… 장건영 씨, 말이 안 통하네.

자리를 박차고 나가는 기태.

기태

잘 먹고 갑니다.

수사반을 나가는 기태의 등 뒤에 대고 소리치는 건영.

건영

백기태 씨! 우리 다시 봅시다, 꼭!

(기가 차서)

애국? 하, 동해물과 백두산이 마르고 닳도록~

17. 부산지검 앞 / 저녁

비가 쏟아지는 지검 앞.
계단 위에 서서 담배를 피우는 기태 쪽으로 우산을 들고 다가오는 이 주임.

기태

도청팀 철수시키고, 장혜은 파일 준비해.

이주임

알겠습니다.

기태

장건영이 아버지가 정신병원에 있다고
했나?

이주임

네. 대구에 있는 시립 정신병원입니다.

기태

그 집안도 사연이 많구만.

18. 부산, 축사 / 저녁

투명한 히로뽕 결정들, 다이아몬드처럼 화려하게 빛을 발산하고,
그 위로 떨어지는 작은 물방울… 화학반응을 일으키며 변화를 보인다.
마침내 완성된 히로뽕을 들고 나오는 김 약사. 히로뽕을 가루로 만들어 포장하는 조직원들.
히로뽕을 보는 대일의 표정이 복잡 미묘하다.

19. 부산, 공사장 / 오후

비 오는 공사장을 달리는 대일의 차량.
대일의 차가 멈춰 서면, 주차된 차에서 내려 다가오는 건영.

건영

몇 키로야?

187

대일

20키로예.

건영

20키로? 일본으로 가나?

대일

오사카.

건영

오사카 누구?

대일

이케다 유지.

건영

이케다 유지? 그 오사카 야쿠자, 이케다
조직 얘기하는 거야, 지금?
백기태가 직접?

대일

예.

건영

언제?

대일

13일 새벽 5시 영도.

건영

13일. 새벽 5시. 영도…

20. 명성절단 / 밤

예진, 김 계장과 함께 사무실에 있는 건영, '만
금호' 배 사진을 보고 있다.

김계장

13일에 부산 영도에서 오사카로 가는
배는 이 만금호 한 척뿐입니다.

건영

만금호…

예진

근데 이게 지금 중정 배라는 소문이
있어예.

건영

이 새끼들 아주 본격적이구만. 좋아.
오사카에는 언제 도착한대요?

김계장

다음 날 오후에 도착합니다.

건영

오 수사관이 일본어 할 줄 안다고 했죠?

예진

(일어)

예. 학교 다닐 때 배웠습니다.

はい、学生時代に習いました。

건영

지금 당장 비행기 티켓이랑 호텔
예약하세요.

예진

예, 알겠습니다.

건영

김 계장은 시간은 없지만
백기태랑 거래하는 이케다 조직에
대해서 최대한 많은 정보 모아주시구요.

김계장

예, 알겠습니다.

건영

자! 우리는 비행기 타고 갑니다.
먼저 오사카에 도착해서 백기태 뒤를
쫓는 거예요.

김계장

아, 그리고 영감님. 이거 저번에 부탁하신
건데 별거 없던데요?
서울대 회화과 휴학 중이고 학생운동
경력도 없고 깨끗합니다.

김 계장이 건넨 서류 봉투를 열어 확인해보는
건영.

김계장

동생분 기타 선생이라고 하셨죠?

21. 부산 중정, 황 국장의 집무실 / 오후

술잔을 기태에게 주며 소파에 앉는 황 국장.

황국장

뽕이 나왔다고?

기태

예.

황국장

몇 키론데?

기태

20키롭니다.

황국장

기태야.

기태

예.

황국장

우리 이제 얼마나 됐지?

기태

한 10년쯤 됐습니다.

황국장

히야… 10년. 세월 빠르네 진짜.

일어나 인터폰을 집어 드는 황 국장.

황국장

어, 표 과장 들어오라고 그래.

다시 소파로 돌아와 앉는 황 국장.

황국장

오사카라고 그랬나?

기태

예.

황국장

그래. 그 일정 빡빡할 텐데, 몸 관리
잘하고, 응? 다녀와.
저, 간 김에 위스키나 하나 사 와라.
다녀와서 진하게 한잔 빨자. 같이.

기태

알겠습니다.

집무실로 들어오는 표 과장.

황국장

앉아.

표과장

예.

황국장

백 과장이 뽕 갖고 일본으로 간다니까,
표 과장도 같이 갔다 와.

표과장

알겠습니다.

예상치 못한 상황에 당황해 황 국장을 보는
기태.

황국장

왜?

기태

…아닙니다.

황국장

그래, 자. 잘 갔다 오고.
(기태 보며)
그, 나가봐, 먼저.

기태

다녀오겠습니다.

황국장

그래.

기태가 밖으로 나가면, 표 과장과 단둘이 남은 황 국장.

표과장

굳이 저까지 보내시는 이유가 따로 있으십니까?

황국장

이케다 회장한테 20키로 넘겨주기로 했다니까.

표과장

예.

황국장

백 과장 감시 잘 하고.

표과장

예.

22. 교차: 부산 중정, 기태의 사무실 / 황 국장의 집무실 / 오후

빠른 속도로 사무실로 들어오는 기태, 헤드폰을 끼면 국장실의 대화 소리가 흘러나온다! 표 과장과 황 국장의 대화를 도청하고 있는 기태.

황국장(소리)

최유지한테 나랑 따로 좀 보잔다고 해.

(점프)

황 국장의 집무실.

표과장

예.

황국장

정리하자. 백기태.

(점프)

기태의 사무실.

황국장(소리)

나를 보는 눈빛이 예전 같지가 않더라,
이제…
한국으로 올 때 배에서 처리해.

표과장(소리)

예.

(점프)

기태의 사무실. 돌아가는 녹음기에서 들려오는 황 국장의 목소리.

황국장(소리)

나를 보는 눈빛이 예전 같지가 않더라,
이제…

191

한국으로 올 때 배에서 처리해.

차갑게 번득이는 기태의 눈빛.

23. 이케다 저택 / 저녁

(자막)

일본 오사카

유지가 가방 속에서 보고서를 꺼낸다.
이케다에게 깍듯한 태도로 서류를 건넨다.

유지

(일어)

지난달 수익 정산 보고서예요, 아버지.
만족하실 거라고 생각하지만, 혹시
부족하다면 가르침을 주세요.
先月の収支精算報告書です。お父様。
ご満足いただけると思いますが、もし
ご不満でしたらご指導お願いいたします。

이케다

(일어)

키무라 본부장도 그렇고, 원로들이
말이 많다지?
木村本部長もそうだが、幹部たちの
口数が多くなってるそうだな。

유지

(일어)

벌써 들으셨어요? 이제 일본에서 공장
돌리기 어려운 거 아시잖아요.
결국 갈 데라곤 한국 쪽밖에 없어요.
샘플 품질도 마음에 들고요.
ご存じでしたか?日本で工場を回すのが
難しいのは周知のとおりです。
もう韓国しかありません。
サンプルの品質も悪くないです。

이케다

(일어)

아직 때가 아닐 수도 있어.
時期尚早かもしれんぞ。

유지

(일어)

저 못 믿으세요, 아버지?
私を信じられませんか。お父様?

유지의 자신만만한 미소를 빤히 쳐다보는 이
케다.

이케다

(일어)

널 처음 봤을 때도 그런 눈빛이었지.
어쨌든 남의 시중을 들기엔 아까운
애 같았어.
お前と初めて会った時も
そんな目つきをしてたな。
とにかく、人の世話を

させるのがもったいない子だった。

유지

(일어)

항상 감사하게 생각하고 있어요.
いつも感謝しています。

이케다

(일어)

그렇담 정신을 바짝 차려야지.
다시 밥상이나 나르기 전에.
내 딸이라서가 아니라, 너 스스로의
능력으로 신뢰를 얻어야 한다.
내가 나서야만 일을 제대로 할 수 있다면
널 앞세울 이유가 없어.
であれば気を引き締め直さなければな。
またあの頃に戻りたくなければ。
私の娘だからではなく、自らの力で信頼を
得なければならない。
私をたてないと仕事が出来ない、であれば
お前を表に出す理由がない。

유지

(일어)

네. 앞으론 신경 쓰실 일 없도록 할게요.
はい。面倒をおかけしないよう、
尽力いたします。

이케다

(일어)

그래야지. 널 친자식처럼 생각한다만.
그렇지만 조직을 위해서라면 때로는
자식의 피를 묻혀야 할 때도 있단다.
そうしてくれ。実の子のように思っている
んだよ。だが、組織のためなら、
時として、子を手にかけなければならない
時がある。

이케다가 부드러운 말투로 묵직한 경고를 날
린다.
얼굴에 핏기가 가시는 유지, 평정심을 되찾으
려 애쓰는데…
쿨럭! 온몸을 뒤틀며, 심한 기침을 해대는 이
케다.

유지

(일어)

괜찮으십니까? 미우라 박사님 모셔
올까요?
大丈夫ですか? 三浦先生を呼びますか?

가까이 다가온 유지의 손을 잡아 쥐고 쓰다듬
는 이케다.

이케다

(일어)

목욕… 목욕물이나 받아.
湯を… 湯をはってくれ。

194

유지

(일어)

네.

はい。

병색이 완연한 모습인데도, 눈빛만큼은 소름
끼치도록 형형하다.

24. 오사카, 거리 / 저녁

후미진 골목, 고장 난 건지 깜빡거리는 러브호
텔 간판.
그 아래로 두리번거리며 서 있는 건영과
예진.
호텔을 올려다보며 난처한 표정의 예진.

예진

예산이 쪼매 쪼들려가… 근데 지도
몰랐어예, 이런 덴지.

25. 러브호텔, 프론트 / 저녁

호텔 지배인이 키를 하나 건네면,

예진

(일어)

저기… 방 두 개 예약했는데요.
あの、二部屋予約したのですが。

지배인

(일어)

한 개 맞습니다.
一部屋となっておりますが。

예진

아인데…

건영

왜요?

예진

방이 한 개만 예약돼 있다 캅니다.
내 분명 두 개 했는데.

건영

아, 그럼 방 하나 더 달라고 해요.

예진

예. 어… 그…

(일어)

방 한 개 더 주세요.
もう一つルームお願いします。

지배인

(일어)

죄송합니다. 오사카 축제 때문에 방이
없습니다.
申し訳ありません。大阪万博の影響で、
部屋、ありません。

195

예진

(일어)

축제?

万博?

건영

방바꾸?

예진

(일어)

축제…

万博…

없다 카는데예…

26. 러브호텔, 객실 / 저녁

카메라를 만지작거리는 건영. 괜히 서류를 열심히 보는 예진.

뻘쭘하게 떨어져 앉은 두 사람. 위층 방에서 들려오는 거친 숨소리… 흔들리는 샹들리에.

자리에서 일어나는 건영, 창문을 열어젖히는데,

눈앞에 러브호텔이 떡하니 보이고… 창문을 열어놓고 섹스를 하는 커플이 눈앞에 선명하다.

놀란 얼굴로 황급히 창문을 닫아버리는 건영, 전화벨이 울리자 재빨리 수화기를 낚아챈다.

건영

(통화)

아이고… 헬로우, 예예… 말씀하세요.

김계장(소리)

영감님? 영감님 백기태가 배를 타고 출발했는데요.

건영

(통화)

아 그래요?

김계장(소리)

어떤 사내가 같이 탔습니다.

건영

(통화)

예, 알겠습니다.

김계장(소리)

예.

건영의 옆으로 다가와 수화기에 귀를 대는 예진.

건영도 이 상황이 머쓱한 듯.

건영

아, 잠깐… 저기 전화 끊지 말고 얘기 좀 더 해요, 예?

김계장(소리)

예? 무슨… 무슨 소리 나는?

196

뭐 하세요?

건영

소리? 하긴 뭘 해, 내가?
일단 시끄럽고 끊어요.

김계장(소리)

예, 수고하세요.

예진

계장님입니까?

건영

예. 백기태가 배를 탔다는데,
혼자가 아니랍니다.

예진

누구랑 탔는데예?

건영

그건 모르죠.

27. 오사카, 항구 / 오후

기태를 태운 배가 물살을 가르며 항구를 향해
달려온다.

28. 어시장 / 오후

이케다 조직의 마약 유통 근거지인 어시장에

도착한 기태와 표 과장, 기다리고 있던 유지와
만난다.

유지에게 표 과장을 소개하는 기태.

유지의 안내를 받아 어시장 안으로 들어간다.

(점프)

어시장 작업복을 입고 있는 건영과 예진, 차
안에 숨어 재빨리 카메라 셔터를 누른다.

야쿠자들

(일어)

오셨습니까.
ご苦労様です。

(점프)

어시장 곳곳에 서 있던 야쿠자들이 유지가 지
나갈 때마다 90도로 허리를 숙인다.

뒤따르던 기태, 유지의 위상이 꽤나 인상적인
눈치다.

(점프)

가게 한쪽에서 활어 해체 작업과 분류 작업을
하는 조직원들.

해체된 활어에 히로뽕을 넣고 다시 포장을 해
서, 트럭에 옮겨 싣는다.

야쿠자1

(일어)

빨리 해.
早くしろ。

(유지 발견하고)

오셨습니까!!

ご苦労様です！！

야쿠자들

(일어)

오셨습니까!!

ご苦労様です！！

야쿠자들의 인사를 받으며, 기태와 표 과장에게 설명해주는 유지.

유지

보기에는 한낱 생선 파는 시장이지만 이 유통망 하나로 일본 전역, 모든 가정의 식탁 위로 히로뽕이 배달됩니다.

(점프)

기태와 표 과장, 유지를 따라 2층 계단을 오른다.

(점프)

건영과 예진이 그들을 쫓아 건너편 2층 계단을 오르면, 길게 늘어진 복도.
사무실 안으로 들어가는 기태와 유지.

야쿠자들

(일어)

안녕하십니까!

挨拶！

(점프)

사무실 안. 기태가 유지에게 가방을 건넨다.
가방을 열어 히로뽕을 확인하는 유지.
유지의 수하들이 기태에게 돈다발이 든 가방을 건네고, 가방 안 돈을 확인하는 기태와 표 과장.

(점프)

야쿠자들의 에스코트를 받으며 어시장에서 나오는 유지와 기태, 그리고 표 과장.
대기하던 고급 세단 앞에 멈춰 선 유지.

유지

배고프다. 뭐 좀 먹으러 갈래요?

표과장

한잔할까요? 거래도 잘 끝났는데.

유지

괜찮다면 백기태 씨랑 둘만 갈 데가 좀 있는데.

뻘쯤해진 표 과장. 기태가 그런 표 과장을 바라보면,

표과장

가.

중간보스

(일어)

가자.
おい。

(점프)

한쪽에 숨어 있는 건영… 카메라 셔터를 연신
누르면,
야쿠자들의 배웅을 받으며 차를 타고 떠나는
유지와 기태.

중간보스
(일어)

수고하셨습니다.
ご苦労様でした。

야쿠자들
(일어)

수고하셨습니다.
ご苦労様でした。

29. 이카이노 마을 / 저녁

기름진 웅덩이를 가르고 멈춰 서는 고급 세단.
하천 제방 위로 다닥다닥 붙어 있는 하꼬방들
과 허름한 판자촌.
멀리 보이는 화려한 오사카 도심과는 확연히
다른 빈민촌이다.
조총련과 민단의 현수막이 따로따로 내걸린
재일 동포 마을 이카이노.
차에서 내려 천변을 걷는 유지와 기태.

기태
배고프다고 하지 않았어요? 여긴 왜.

유지
여기서 자랐어요.
여길 벗어나는 게 평생의 목표였는데,
정작 이 맛은 못 잊겠더라고.

유지를 물끄러미 쳐다보는 기태.

기태
나도, 여기서 자랐어요.

30. 이모네 국밥 / 저녁

국밥을 먹는 유지와 기태.

기태
국물 좋네.

유지
일본엔 언제 왔어요?

기태
어릴 때 아홉 살쯤? 유지 씨는요?

유지
난 여기서 태어났어요.

기태

오고 가다 봤을 수도 있었겠네요, 우리.

(미소)

그러고 보니까 기억이 나는 거 같기도
하고.

유지

한국엔 언제 다시 간 거예요?

기태

열아홉에. 아버지 돌아가시면서 어머니
고향인 부산으로 갔어요.
이듬해에 어머니까지 돌아가시고,
어린 동생들 먹여 살리기 바빴죠.

유지

힘들었겠네. 하여간 핏줄이 뭔지…
없으면 없는 대로, 있으면 있는 대로.

기태

그나마 조센징 소릴 그만 듣겠다
싶었는데, 대신 쪽발이 소릴 아주 실컷
듣게 됐죠.

유지

…지겨워.

서로의 눈을 바라보며, 자조 섞인 미소를 나누
는 두 사람.
기태와 유지를 빼고 유일하게 가게에 남아 있

던 손님이 나간다.

손님

(일어)

잘 먹었어요. 또 올게요.
おばちゃん、美味しかったで。
また来るわ。

사장님

(일어)

고마워요.
ありがとうございました。

손님이 나가고, 가게 안에 단둘이 남은 기태
와 유지.

유지

난 훨씬 더 많은 양을 꾸준히 생산할 수
있는 파트너가 필요해요.
백기태 씨는 이 바닥에서 아직 구멍가게
사장이라, 어느 정도의 생산량을 가진
건지 의심이 될 수밖에 없거든요.

기태

대체 어느 정도 물량을 원하는 겁니까?

유지

지금의 열 배.

201

기태

그 정도면 일본 전체를…

유지

맞아요. 난 일본 전체를 단번에
집어삼킬 수 있는 물량이 필요해요.
그래야 그 욕심 많은 뒷방 늙은이를
완전히 밟아버릴 힘이 생기거든.
얼마 전에 오사카 외곽에 있던
공장을 정리했어요.
거기서 보관하던 대만산 최고급 원료가
있는데, 그거면 내가 제시한 물량을
맞추고도 남을 거예요.

기태

나한테 원단을 제공하겠다는 겁니까?
가격은?

유지

투자라고 생각할 테니 걱정 마요.
대신 되도록 빨리 대만 쪽에 안정적인
원료 수급처를 마련해요.
매번 내가 당신 뒤를 봐줄 수는 없는
노릇이니까.

기태

봐달라고 한 적 없는데, 난.

유지

(일어)

그러게? 그럼 내가 그냥 그쪽이
보고 싶은가봐.

そうね。私があなたに会いたいだけかも。

기태

고백하는 겁니까?

서늘하면서도 매력적인 미소를 짓는 유지.

31. 부산 중정, 황 국장의 집무실 / 저녁

일본에 있는 표 과장의 보고 전화를 받는 황
국장.

표과장(소리)

국장님, 거래 잘 끝났습니다.

황국장

(통화)

최유지하고는 얘기 잘 했어?

표과장(소리)

예. 얘기 잘 했습니다.

황국장

(통화)

언제 출발해?

표과장(소리)

지금 바로 출발합니다.

202

황국장

(통화)

백기태 잘 정리하고.

표과장(소리)

예, 알겠습니다.

32. 공해상, 만금호 / 오후

배 위에서 가방에 가득 담긴 현금을 확인하고
있는 기태.
총을 들고 기태에게 다가오는 표 과장. 아무
렇지 않은 듯 기태의 맞은편에 앉는다.

표과장

얼마야?

기태

한화로 3억쯤?

표과장

음… 아파트가 백 채야?

기태

원하는 액수 말해봐.

눈빛이 변하는 표 과장. 찰칵! 일순 총을 장전
하더니 기태를 겨눈다.

33. 부산항 / 건영의 차량 안 / 오후

(자막)

한국 부산항

부산에 도착하는 만금호.

(점프)

멀리 차 안에 앉아 만금호를 주시하는 김 계장
과 예진.
그리고 주변으로 몸을 숨기고 있는 수사관들.
기태를 잡으려고 단단히 준비 중이다.
차량 안에서 오사카에서 찍은 표 과장의 사진
을 보는 김 계장.

김계장

야, 이 표학수 과장까지 낀 거면 중정이
조직적으로 뽕 장사를 한다는 건데.

예진

이쯤 되면 뭐, 황 국장도 다 한패
아입니까?

김계장

그렇지.

건영

저 나온다.

만금호에서 내리는 표 과장… 돈가방을 들고

있다. 긴장하는 건영과 수사관들.

예진

나왔다, 나왔다.

건영

나온다, 나온다.

예진

표학수, 표학수 나왔다.

건영

(무전)

자, 준비하세요. 준비.

무전기를 들어 수사관들에게 신호를 주는 건영.
예진과 김 계장이 배 위를 자세히 살피는데,

김계장

잠깐! 백기태 안 보여, 백기태.

예진

어? 백기태가 안 보이는데예?

건영

(무전)

잠깐 대기! 긴장 유지하고 잠깐만 대기해.

예진

차! 앞에 차!

김계장

숨어!

갑자기 한 차량이 나타나자, 급히 대시보드 아래로 몸을 구겨넣어 숨는 세 사람.
잠시 후, 표 과장 앞으로 검은색 차량이 멈춰 선다.

예진

아씨 깜짝이야, 씨…

건영

저거 황 국장 차 아닙니까?

김계장

맞네요. 맞네.

예진

황 국장이 여기 왜 왔지?

김계장

뭐야, 이거?

차에서 내리는 황 국장. 표 과장이 황 국장에게 깍듯이 인사한다.

황국장

돈은?

표과장

가방 안에 있습니다.

황국장

수고했어.

표과장

예.

표 과장이 돈가방을 트렁크에 싣고, 황 국장이 차 뒷좌석에 탄다.

김계장

잠깐, 잠깐. 백기태가 안 나왔어요. 백기태가.

예진

어디 갔노?

그대로 출발하는 황 국장의 차량. 어리둥절한 건영 일행.

건영

이 새끼 왜 안 나와? 이거. 저 뭐야, 차 돈다.

김계장

왜… 왜… 그냥 가?

예진

차 간다.

건영

차 돈다, 일로 온다, 일로 온다.

김계장

백기태는?

건영

숨어! 숨어! 숨어!

황 국장의 차가 건영의 차량 앞을 지나가자, 다시 몸을 구겨넣는 세 사람.

예진

가는데예?

김계장

아니 백기, 백기태… 영감님 이거 어떡합니까?

건영

(무전기를 들고)

자, 모습 드러내지 말고, 만금호 잘 살펴.

(당황)

백금호… 아니, 백기태 내리는지 잘 봐!

205

34. 황 국장의 차 안 / 오후

달리는 황 국장의 차량 안.

황국장

백기태는?

표과장

잘 처리했습니다.

황국장

에휴… 쯧… 최유지는 뭐래?

표과장

어… 얘기 잘 나눴고, 조만간 연락
주기로 했습니다.

황국장

강대일이 잡아서 조직 접수하고.

표과장

예.

황국장

공장도 니가 직접 맡아서 관리해.

표과장

예, 알겠습니다.

황국장

(혀를 차며)

기태 이놈아, 이놈아…

35. 항구 도로, 건영의 차 안 / 오후

홀로 차를 타고 황 국장의 차를 뒤쫓는 건영.
항구에 남은 예진과 무전을 주고받는다.

건영

(무전)

어떻게 됐어요, 백기태는?

예진(소리)

아직 배에서 안 내렸십니다.

건영

(무전)

그, 놓치지 않게 잘 봐야 합니다.

예진(소리)

영감님 백기태가…

(무전이 끊긴다)

건영

(무전)

뭐요? 백기… 백기태가 뭐?!

36. 산길 / 오후

황 국장의 차가 산길로 접어들고,
거리를 두고 쫓아가던 건영의 차가 오르막길
에서 빌빌거리다가 멈춰 선다.

건영

어…? 노우… 야야… 어 이거 왜 이래…

미끄러져 내려가 비탈에 처박히는 차.
건영이 황급히 시동을 걸지만, 걸리지 않
는다.
재빨리 차에서 내려 황 국장의 차를 쫓아 내달
리는 건영.
하지만 곧 건영의 시야에서 사라지는 황 국장
의 차.

37. 사찰, 주차장 / 경내 / 오후

북과 꽹과리 소리가 쉬지 않고 울려퍼지는 사
찰 앞, 황 국장의 차가 도착한다.
교주를 따라 기괴하고 섬뜩한 굿판이 벌어지
는 가운데, 소리를 지르며 기도하는 사람들이
보인다.

황국장

뭐야, 이거. 가는 날이 장날이라고 굿판을
벌이고 지랄이야.

표 과장이 손에 든 돈가방을 황 국장에게 건
넨다.

황국장

대기하고 있어.

표과장

예.

황국장

백기태.

표과장

예.

황국장

무슨 말, 한 거 없어?

표과장

살려달라고 빌빌 기었습니다.

만족스러운 표정의 황 국장, 돈가방을 들고 야
단법석인 굿판을 지나 법당으로 향한다.

표과장

다녀오십시오.

그 모습을 지켜보는 표 과장.

207

38. 법당 / 오후

끼이익… 삐걱대는 문을 열고 법당으로 들어
서는 황 국장.
아무도 없는 법당 안은 싸늘하고 음산한 기류
만 감돈다.
황 국장, 돈가방을 내려놓고 불상 앞에서 절을
올린다.

39. 산길 / 오후

황 국장의 차가 사라진 산길을 따라 뛰어 올라
오는 건영.

건영

아, 이 새끼들, 이거 어딜 기어
올라간거야, 이거… 아이씨… 어?

그때, 위쪽 길에서 들려오는 차량 소리에 풀숲
에 몸을 숨기는 건영.
표 과장이 모는 차가 시야에서 사라지자, 차가
내려온 길을 따라 올라간다.

40. 교차: 경내 / 법당 / 오후

법당 앞. 점점 격앙되는 교주의 굿판과, 해괴
한 기도를 올리는 신도들이 보이는데…

(점프)

법당 안. 불상 앞 테이블에 돈다발을 내려놓
고, 쪽문으로 향하는 황 국장.

황국장

(돈다발 놓으며)

옛다.

(점프)

황 국장이 쪽문을 열고 들어서면, 대형 금고가
놓여 있다.
황 국장이 금고로 다가가 다이얼을 돌려 문을
열면, 텅 빈 금고!
그때, 어둠 속에서 황 국장을 향해 다가오는
검은 그림자.

황국장

…! 뭐야?

(점프)

굿판이 절정에 이르고 이내 교주가 세차게 칼
을 내리친다.

(점프)

황급히 고개를 돌리는 황 국장. 아무런 대답
도 없이… 소음기가 장착된 권총을 꺼내 드는
기태.

황국장

씨발놈들…

퍽! 황 국장의 옆구리에 박히는 총알! 총을 맞
고 비틀거리는 황 국장.

208

(점프)

고조되는 굿판.
급기야 신도 중 한 여자가 괴력을 발휘해 교주를 향해 달려들더니, 맨손으로 칼을 잡아챈다.

(점프)

다가오는 기태를 향해 죽을힘을 다해 달려드는 황 국장.

(점프)

사찰에 도착하는 건영…
거칠게 숨을 들이쉬며 주변을 살피면, 여자의 행패로 난리가 난 굿판.

건영
(사람들 향해)

뭐 하는 거야?! 거 어? 싸우지 마요! 그!! 어! 말려! 말려요!!

(점프)

총을 든 기태와 몸싸움을 하는 황 국장.

기태
버러지 같은 새끼.

황국장
잠깐, 잠깐…!

탕! 다시 방아쇠를 당기는 기태. 아슬하게 황

국장의 귀 옆을 스쳐 지나가 기둥에 박히는 총알.

(점프)

건영의 시선이 법당에 가닿는다.

(점프)

바닥을 기며, 다가오는 기태를 막기 위해 돈다발을 뿌리는 황 국장.

(점프)

법당 안으로 들어서는 건영.
불상 앞에 놓인 돈다발을 수상하게 보다 쪽문 쪽으로 다가간다.

(점프)

굿판. 칼을 들고 휘두르는 여자.

(점프)

쓰러진 황 국장. 천천히 허리춤의 총에 손을 가져다댄다.

황국장
기태야…

탕! 황 국장의 눈을 관통하는 총알!
미처 비명을 지를 새도 없이… 사방에 피가 튄다.
황 국장… 바닥으로 쓰러진다.

209

(점프)

굿판. 여자가 휘두르는 칼에 눈을 베이는
교주.

(점프)

숨겨진 쪽문을 발견한 건영.

건영

오 수사관은 밖에 수색 진행해요!

촛대를 집어 들고 일부러 큰소리를 내며 계단
을 내려간다.
안으로 들어서면, 기태는 없고… 황 국장이 피
를 흘리며 죽어 있다!

건영

황 국장…? 이거 어떻게 된 거지?

어둠 속을 보던 건영, 아무것도 보이지 않는
어둠뿐이다.
어둠 속에 숨어 건영을 보는 기태. 천천히 다
가오는 건영을 향해 총을 겨눈다.
딸칵! 뒤편 황 국장 쪽에서 들린 소리에 건영
쳐다보면, 황 국장의 손이 미세하게 꿈틀거
린다.

건영

구급차… 구급차!!

계단을 뛰어 올라가며 구급차를 찾는 건영.

건영이 사라지자, 어둠 속에서 모습을 드러내
는 기태.

(점프)

건영이 황급히 뛰어나와 사람들에게 도움을
청하고, 전화기가 있는 사무실로 향한다.

건영

전화!!! 전화 어딨어? 전화!

(점프)

휘발유 통의 뚜껑을 열고 황 국장 시신에 들이
붓는 기태.

(점프)

사찰 사무실로 뛰어 들어가 신고 전화를 하는
건영.

건영

어, 여보세요. 나 부산지검 장건영
검산데. 여기 해운대 반송인데요.
위급 환자 발생이니까 앰뷸런스 빨리 좀
출동해요. 그러니까 여기 반송…
(다급하게)
저기 절! 절이야! 절! 절 이름?!
모르겠어, 난. 어?!
절이 다섯 군데라고 이쪽에? 아,
다섯 군데 다 그냥 앰뷸런스 출동시켜!

신도

불이야 불! 소방차 불러봐, 불!! 불이야!!

(점프)

펑! 소리와 함께 사람들의 고함 소리가 들려온
다. 건영이 사무실 밖으로 시선을 돌리면…
법당이 불에 타고 있다. 활활 타오르는 법당
앞에 여자가 미친 듯이 징을 쳐대고,
건영, 불을 끄려고 물을 뿌려본다.
불길이 더욱 세지자, 불에 다가가는 여자를 잡
아채 붙드는 건영.

건영

가만, 가만! 가만! 쉬…

건영이 붙잡은 여자의 부모가 넋 놓은 여자를
챙겨 데리고 가고,
허망한 눈빛으로 타오르는 법당을 바라보는
건영…!

213

제5화
피의 전쟁

제5화
피의 전쟁

1. 프롤로그: 과거. 베트남 전쟁

1965년, 베트남

장대비가 쏟아지는 정글.
대위 계급장을 단 기태와 중대원들, 흠뻑 젖은 채 계곡을 따라 올라간다.

기태

선두 정지.

기태와 대원들이 멈춰 선다. 정글을 주시하는 기태.

기태(NA)

무엇을 위한 전쟁인지는 그다지 중요하지 않다.

앞에 보이는 작은 마을이 그들의 눈에 들어온다.

기태(NA)

누군가의 죽음이 다른 누군가에겐 기회가 되는 것. 그게 전쟁이다.

(점프)

조심스럽게 마을로 들어서는 기태와 대원들. 하지만 마을은 텅 비어 있는데… 신호를 보내는 대원 쪽으로 시선을 돌리는 기태.

(점프)

판잣집 마당에 깔려 있던 거적을 걷어내면, 땅굴 입구가 드러난다.
사람 하나가 겨우 들어갈 작은 입구다.

상사

베트공들 개미굴 같습니다.

진입 준비를 하는 기태와 대원들.

기태

들어간다.

(점프)

좁은 개미굴로 들어오는 기태와 대원들. 어둠 속을 조심스레 일렬로 걸어간다.
점점 빛이 사라지고… 두려움이 엄습한다.
앞에 나타나는 베트콩들을 정신없이 죽여대며, 암흑 속으로 깊숙이 들어가는 그들…

기태(NA)

그리고 내 역할은 바로 그 '죽음'. 다른 누군가의 출세를 위한 '총알받이'였다.

2. 타이틀 시퀀스

음악과 함께 시작되는 타이틀 시퀀스.

"MADE IN KOREA"

3. 청와대, 경호실장실 / 오후

표 과장과 통화 중인 천석중.

천석중

우예 됐노?

표과장(소리)

잘 처리했습니다.

천석중

금고에 돈은?

4. 부산, 담배 가게, 공중전화 부스 / 오후

담배 판매 표지판이 내걸린 구멍가게 앞,
공중전화 부스 안에서 은밀히 통화 중인 표
과장.

표과장

돈은 백 과장이 가져갈 겁니다.

천석중(소리)

딴소리 안 나오게 뒤처리 단디 해라이.

표과장

예. 알겠습니다.

전화를 끊고 저 멀리 피어오르는 검은 연기를
바라보는 표 과장.

표과장

(영어)

끝났네.

It's done.

5. 사찰, 경내 / 오후

겨우 화재가 진압됐지만, 법당은 흔적 없이 전
소됐다.
남아 있는 불씨를 끄는 소방관들. 수사관들과
경찰들이 사찰 주변을 통제하고 있다.
법당을 바라보며 담배를 피우는 건영에게 급
히 다가오는 김 계장과 예진.

예진

영감님!

김계장

아, 씨~ 진짜 이게 무슨 일이랍니까,
이게.

예진

영감님, 어디 다치신 데는 없으신
기지예?

건영

백기태 없죠?

예진

예. 배에서 안 내렸십니다.

건영

일단 표학수 소재 파악 부탁 먼저 합시다.

예진

예. 안 그래도 요 근처 군부대에 지원
요청 할라꼬예, 지금.

김계장

(무전기를 들고)

표학수 중정 과장 수배해.

이때, 사찰 경내로 들어서는 황 국장의 차.

경찰

정지! 정지! 여기 들어오시면 안 됩니다.

운전석에서 내리는 사람은 다름 아닌 표 과장,
짐짓 놀란 표정으로 화재 현장을 둘러보다, 건
영을 발견하고 멈칫한다.

건영

아이고… 지 발로 오셨네.

표 과장을 막아서는 경찰들.

표과장

나와! 이 새끼야! 나 중정 과장이야!

건영

어이!

표과장

나오라고!

건영

거 열어요!

통제하던 경찰이 물러서자 건영을 보는 표
과장.

건영

표학수 씨, 이쪽으로 오세요.

표과장

절 어떻게 아시고.

건영

나 부산지검 장건영 검삽니다.

표과장

예, 근데요. 이게 무슨 일입니까?

건영

중정 과장께서 여기에는 웬일로
오셨습니까?

표과장

저 국장님 모시러 왔습니다.

219

건영

황 국장?

표과장

예, 국장님 어디 계십니까?

건영

당신이 죽었잖아. 당신을 황국평 국장
살해 혐의로 현장 체포합니다.

(수사관들 향해)

수갑 채워!

표과장

뭔 말도 안 되는 소릴 하고 있어!

수사관1

조용히 갑시다.

표과장

잠깐만, 아 잠깐! 제가 할게요. 이거
뭐 하는 거야 이거…!

예진

조용히 하고 갑시다.

제5화 피의 전쟁

6. 부산 중정 / 저녁

긴급 상황에 중앙정보부 부산 지부 전체가 발

칵 뒤집혔다.

표 과장 집무실 앞에 모여 있는 중정 요원들.
복도에 들어서는 기태를 보고 달려오는 이 주
임, 당혹스러운 표정이다.

이주임

나오셨습니까, 과장님?

기태

무슨 일이야?

이주임

표 과장님이 황 국장님 살해 혐의로
검찰에 긴급체포됐습니다.
발견된 시신이 진짜 황 국장님인지는
부검 결과 기다리는 중이고요.

기태

일단 언론부터 막아.

이주임

예. 저 근데 과장님, 피가…

보면, 얼핏 드러난 기태의 와이셔츠 깃에 흩뿌
려진 핏자국.
이 주임, 섬뜩한 기태의 눈빛에 더 말을 잇지
못하고 입을 다문다.

기태

서울로 갈 거니까 차 대기시켜.

이주임

예, 알겠습니다.

7. 부산 중정, 기태의 사무실 / 저녁

피가 묻어 있는 와이셔츠를 벗어 아무렇게나 내던지는 기태.
캐비닛 앞에서 새 셔츠로 갈아입는데, 팔과 어깨에 커다란 흉터가 눈에 띈다.
기태, 잠시 생각에 잠기는가 싶더니 곧바로 전화기를 집어 든다.

8. 교차: 기태의 집 / 부산 중정, 기태의 사무실 / 저녁

속옷 차림에 겉옷을 대충 걸치고 거실로 나와 전화를 받는 소영.

소영

(통화)

여보세요.

기태(소리)

어, 소영아.

소영

(통화)

어, 오빠.

기태(소리)

대일이 지금 어디 있니?

소영

(통화)

대일 씨?

(점프)

기태의 사무실.

소영(소리)

공장에 있다가 볼일 있다고 나갔는데. 대일 씬 갑자기 왜? 무슨 일 있어?

기태

(통화)

알았다, 끊자.

(점프)

기태의 집. 주섬주섬 상의를 입으며 방에서 나오는 대일.

대일

누굽니꺼?

소영

오빠가 대일 씨 찾아요.

대일

와예?

소영

몰라요, 나도.

9. 부산지검, 취조실 / 저녁

탁자를 사이에 두고 앉아 신경전을 벌이는 건영과 표 과장.

건영

표학수 과장님. 왜 죽였어요, 황 국장은?

표과장

자꾸 선을 넘으세요.
그렇게 막무가내로 나오시다가,
나중에 뒷감당 어떻게 하시려고…
걱정돼서 그래요.

건영

니가 죽였잖아.

표과장

봤어요?

건영

황 국장이 여기 눈에 총 맞아 죽은 거
봤지.

표과장

국장님 내려드리고 담배 사러 갔다니까.
가게 가서. 알아보시라고 몇 번을 얘기해.

건영

그러니까 담배를 사러 간 사이에
황 국장은 죽은 거네.

표과장

허… 아니 그러면은 내가 국장님을
죽이고, 그다음 담배를 사러 갔나?
근데 그사이에 불이 나고… 이게 영감님,
말이 안 되잖아요.
그리고 제가 국장님을 죽일 이유가
뭡니까? 이유가 없잖아요.

건영

그치. 담배를 사러 가고 황 국장이 죽고,
불이 나고…
같이 있었지, 백기태랑? 그 절에!
백기태랑 같이 있었잖아, 응?

10. 부산 중정, 기태의 사무실 / 저녁

새 옷으로 갈아입은 기태. 고민에 잠긴 표정으로 피우던 담배를 던지고 밖으로 나간다.

11. 기태의 집 앞 골목 / 저녁

굳은 표정의 대일이 골목길을 내려간다.

12. 부산지검, 취조실 / 저녁

사진을 꺼내서 표 과장 앞에 내미는 건영.

222

사진 속, 유지를 만나고 있는 표 과장과 기태.

건영

응, 여기 있네, 여기. 이케다 유지.
아니, 우리 중정이 오사카 야쿠자는
왜 만났을까?

표과장

국가 기밀이라 말씀드릴 수 없습니다.

건영

국가 기밀은 니미.

표과장

욕하진 마시고.

건영

너 백기태랑 같이 일본 가서 뽕 팔고
왔잖아.
그 돈은 황 국장한테 넘어가고. 재주는
곰이 부리고 돈은 되놈이 챙기고…
그러니까 너랑 백기태랑 죽였잖아,
황 국장.

표과장

증거 있어요? 증거 있냐고!

건영

증거 내가 그럴싸하게 하나 만들어줄게,
응?

표과장

…해보세요.

건영

야, 너 콩밥 좋아하냐, 응?

벌컥! 차장검사가 취조실 문을 열고 들이닥
친다.

차장검사

장검.

건영

예.

차장검사

잠깐 나 좀 보자.

건영

아이고, 왜요?

표과장

빨리 가보세요. 큰일 난 거 같은데,
가세요.

건영

담배나 한 대 피고 있어.

건영이 나가자 여유롭던 표 과장의 표정이 굳
는다.

223

13. 부산지검, 차장검사실 / 밤

사진을 보고 있는 차장검사.
기태와 유지, 기태와 조만재, 그리고 기태와
대일의 사진이다.

차장검사

조만재가 하던 히로뽕을 이 백기태가
접수했다?

건영

예.

차장검사

이 강대일을 끼고.

건영

예.

차장검사

황 국장도 죽이고.

건영

황 국장 안면 오른쪽 안구 이쪽을 통해서
관통상이 있었습니다.
총으로 쏴서 죽이고 불을 지른 거죠.
증거 인멸을 위해서.
차장님, 백기태 체포 영장
발부하겠습니다.

차장검사

너 이거 잘못되면 검찰 조직이
박살나는 거야. 알아?

건영

예.

차장검사

아휴… 씨…

건영

표 과장 자백, 꼭 받아내겠습니다.

14. 서울, 안가 / 밤

천석중의 안가.
천석중 앞에 돈다발을 가득 깔아놓은 기태.

기태

그간 황 국장이 실장님 몰래 빼돌린
상납금입니다.

천석중

대가리 벗겨진 이유가 다 있었네.

기태

일가친척 명의로 토지나 건물이 몇 개 더
있는 걸로 아는데,
확인되는 대로 바로 보고 올리겠습니다.
그리고 이거.

기태가 천석중 앞에 수첩을 내어놓는다.

(인서트)

과거. 차 안 / 밤

차 안에 죽어 있는 금지… 그리고 금지의 핸드
백을 집어서 열어보는 기태.

기태

배금지가 남긴 수첩입니다.

천석중

봤나?

기태

예, 봤습니다.

천석중

내 이름도?

기태

죄송합니다.

수첩을 챙겨 넣는 천석중.

천석중

니 원하는 게 뭐고?

기태

저한테 이 돈을 다시 투자해주십사,

간청드리러 왔습니다.
실장님께서 허락만 해주신다면,
이 돈을 종잣돈으로 지금보다 몇십 배의
수익을 올릴 자신 있습니다.

천석중

그러니까 지금 내랑 비즈니스
하자는 기가?

기태

선거가 1년도 안 남았습니다.
이 나라를 위해 각하께서 다시
집권하시려면 700억이 필요하다고
들었습니다. 제가 만들어보겠습니다.

천석중

내가 니를 우예 믿고?

기태

안 믿으셔도 됩니다. 그냥 제가 어떤
놈인지 증명할 기회만 주십쇼.
저는 못 믿으시더라도 제 돈은 믿게
해드리겠습니다.
절대 실망하실 일 없을 겁니다.

허리 굽혀 인사하고 있는 기태의 옆에 다가와
서는 천석중.

천석중

저 가 앉아봐라. …앉아보라고.

보면, 천석중이 앉아 있던 자리.
이글대는 욕망을 억누르며 마른침을 삼키는
기태.
천석중 앞에 덥석 무릎을 꿇더니, 납작 엎드
린다.

15. 부산지검, 취조실 / 오전

밤샘 조사에 지친 표 과장.

건영
황 국장이 표 과장을 차기 국장감이라고
언급하고 다니면서 많이 챙기고
아껴줬다고 하던데…
그것 때문에 주변에 시샘도 많았고.
이왕 황 국장이 죽은 마당에 당신이
차지해야 되는 거 아니야?
그렇게 따지고 보면 나쁜 것만은
아니겠네. 백기태한테.
당신이 여기에 들어와 있는 게.

툭. 건영이 표 과장 앞에 뭔가를 내밀면…
황 국장 부검 결과와 현장에서 발견된 탄피
사진.

건영
황 국장을 총기로 살해한 뒤에 불을 낸 건
확실한데… 당신은 담배 사러 갔잖아.
(빤히 보다)
…백기태 믿어요?

백기태랑 무슨 거래가 있었는지는
모르겠지만 잘 생각해요.
황 국장을 누가 죽였는지 우리는 알잖아.

표 과장 앞에 진술서와 펜을 내미는 건영.

건영
그날 그 절에, 황 국장 말고 누가
있었는지 똑바로 적읍시다.
평생 감옥에서 썩을 거야? 백기태는 국장
달고, 당신은 감옥 가고?

생각에 잠기는 표 과장, 괜스레 펜을 만지작대
는데.
갑자기 벌컥, 취조실 문을 박차고 들어오는 이
주임과 중정 직원들.
난처한 표정의 김 계장이 뒤따라 들어와 건영
에게 다가간다.

김계장
저, 잠시만요.

건영
뭐야?

김계장
표학수 풀어주라는 차장님 지시가
내려왔습니다.

227

이주임

같이 가시죠, 과장님.

표과장

(일어서며)

아으 다리야…

16. 부산지검, 복도 / 차장검사실 / 오후

건영

차장님!! 차장님!! 어떻게 검찰이
수사권을 넘깁니까?! 용의자한테!!
누구 마음대로?! 예?!

쾅! 차장검사실 문을 밀치며 들어서는 건영.
건영을 피해 도망치려다 걸린 차장검사, 복도
에 구경 나온 사람들을 보며 소리친다.

차장검사

(직원들 보며)

거기 들어가! 야 너희, 너희들도 들어가!

(다시 건영에게)

그러는 넌 누구 마음대로 용의자야?
증거가 없는데.
너도 백기태 얼굴은 못 봤다며?

건영

히로뽕으로 먼저 잡겠습니다.
강대일 진술 확보해서 마약 사범으로
먼저 잡고, 그다음에 살인죄

입증하면 됩니다.

차장검사

지금은 납작 엎드려 있을 때야.
수사권도 뺏긴 마당에, 모가지라도
지키고 있어야 다음 기회가 있을 거
아니야?

건영

뽕 장사하다가 지 상사까지
죽인 놈입니다, 예?
더 커지기 전에 잡지 않으면,
잡기 힘든 거 아시지 않습니까?

속이 타는 듯 담배를 피워 무는 차장검사,
후— 담배 연기를 내뿜는다.

차장검사

훨씬 윗선에서 내려온 오다야. 뭔 말인지
알아들어?

무겁게 가라앉는 건영의 눈빛… 치미는 분노
를 삼킨다.

건영

그 누굽니까? 윗선이!

차장검사

당분간 몸조심해라.

228

17. 청와대, 회의실 / 오후

국무회의가 막 끝난 회의실 안.
얼굴을 잔뜩 찌푸린 천석중과, 비서실장 나용
철만이 여전히 자리에 앉아 있다.
두 사람의 싸늘한 분위기에 서둘러 회의실을
나서는 국무위원들.

국무1

나 실장 저 양반, 오늘따라 천 실장을
엄청 긁네.

국무2

누가 아니랍니까.
요즘 각하께서 비서실보다 경호실
천 실장을 더 밀어주시니까…

사람들이 모두 빠져나간 회의실.
천석중, 맞은편 나용철을 못마땅하게 쏘아보
다 입을 연다.

천석중

나 실장님. 그 다 끝난 애기를 와 자꾸
들쑤십니까, 예?

나용철

아까 들었잖아요. 각하 지시였다고.

천석중

툭하면 각하 지시… 이거 뭐

믿을 수가 있나.

나용철

못 믿겠으면 당장이라도 각하께
확인해보시든가.

천석중

암만케도 같이 각하 모시는 입장에서,
우예 내한테 상의 한마디 없이.

나용철

배금지 보내기 전에는 나하고
상의했어요?

천석중

돌아가시겠네… 배금지를, 내가요?

나용철

아무튼 애먼 사람들 닥치는 대로
날리다가 당신이 날아가는 수가 있다~
이 말이오.
내가 이거 다 천 실장 생각해서 하는
말입니다.

천석중

아 예. 그마이 염려해주시는데
새겨들어야지요.

나용철

참… 아랫사람 하나가 변을 당했다는데,

상심이 크시겠어요.
우리 천 실장도 이참에 몸조심 좀
하셔야지.

천석중

실장님도 항시 주변 잘 살피시고 몸 잘
챙기십쇼.
(싸늘)

그 알다시피, 내가 누구 보내기 전에
상의하는 성격이 아이라서.

18. 부산 중정, 황 국장의 집무실 / 밤

주인 없는 황 국장의 집무실을 차지하고 앉은
기태와 표 과장.

표과장

아무래도 정보가 샌 거 같은데,
짐작 가는 데 있어?
장건영이가 우리가 일본 갔다 온 거,
다 알고 있더라고.
뭐 하러 갔는지까지 다.

기태

그래서 뭐라고 그랬는데?

표과장

뭘 뭐라고 그래, 국가 기밀이라고.

기태

딴 얘기는?

표과장

너라고 확신하더라, 황 국장 죽인 거.

마치 황 국장처럼, LP를 틀고 은근슬쩍 황 국
장 자리에 앉아보는 표 과장.

표과장

천 실장은 잘 만났어?

기태

천 실장한테는 어디까지 얘기했냐?

표과장

뭘?

기태

다 알고 있는 눈치던데?

표과장

난 말 안 했지. 니가 황 국장 죽인 거.
난 우리가 약속한 대로 그냥 불나서
죽었다고 얘기했어.
맞잖아. 불나서 죽은 거.

기태

어차피 뭐 별 상관 안 하더라.

©2026 Disney and its related entities.

표과장

그래? 근데 장건영이가 어떻게 안 거야?
쥐새끼 있는 거 아니야?

19. 명성절단 / 밤

꽉 막힌 수사 상황에, 고민에 빠지는 건영. 사
무실로 들어오는 예진과 김 계장.

건영

백기태는요?

예진

행적이 묘연합니다. 집에도
안 들어오고예.
중정서도 입 싹 닦고 말을 안 해줍니더.

건영

현장은?

김계장

탄피 말고는 뭐 없습니다.
아주 그냥 싹 다 타버려서 더 나올
증거가 없어요.
근데 영감님, 저희 여기 이렇게 계속
있어도 괜찮은 걸까요…

김 계장을 노려보는 건영. 눈치를 보는 김
계장.

김계장

아니… 딱히 쑤셔볼 만한 단서도
더는 없고.
차장님이 아시면 이거 경을 차실 텐데…

예진

강대일이는 아무 연락도 없십니까?

건영의 시선이 향하는 곳, 칠판에 기태의 마약
조직 조직도가 붙어 있다.

20. 축사, 사무실 / 밤

축사 안쪽에 딸린 작은 사무실.
책상에 앉아 꼼꼼하게 장부를 기록 중인 소영.

소영

일본에서 보내준다는 원단은
언제 오는 거야?
남은 걸로는 물량 절대 못 맞추는데…

소파에 앉아 유리잔에 커피를 타는 대일.

대일

소영 씨, 쉬었다 합시다.

소영

네.

소영이 다가와 대일의 옆에 앉는다.

커피잔을 들고 고맙다는 듯 눈을 찡긋, 대일
을 보며 배시시 웃는 소영.

대일

맛이 있을랑가 모르겠네.

소영

잘 먹겠습니다.

(마시고)

음~ 맛있어.

대일

(소영 빤히 보다)

잠깐만… 와 이리 이뿌노…?

소영

뭐래~ 어휴, 왜 그래요?

그때, 밖에서 축사 문을 열고 들어오는 기태.
기태가 찾아왔는지도 모르고 깨를 볶는 대일
과 소영.

대일

형님한테 다른 연락 없었습니까?

소영

몰라요. 전화만 딸랑 해놓고는 코빼기도
안 보이고…

(밖에서 들린 인기척에)

뭔 소리야? 밖에 아무도 없다고 하지

않았어요?

대일

누고, 이 시간에… 어! 행님!

벌컥. 사무실 문을 열고 들어서는 기태.
놀란 소영이 급히 대일과 떨어져 앉으며 기태
를 맞이한다.

소영

오빠!! 호랑이도 어쩐다더니… 근데
오빠, 여긴 어쩐 일이야?

기태

둘만 뭐 하는 거냐, 늦었는데.

소영

장부 정리할 게 남아서…

(손사래 치며)

오빠 뭘 생각하는 거야, 지금~

기태

…소영이 좀 나가 있어.

소영

왜?

기태

대일이랑 할 얘기 있다.

233

소영

어…

불안한 표정으로 대일을 돌아보며, 밖으로 나
가는 소영.

대일

행님. 일본 다녀오신다더니… 연락이
없어서 걱정했심니더.

기태

여기 별일 없었고?

대일

하모요, 별일 있겠심니까? 근데 하실
말씀이라는 게…?

기태

앉아라.

대일

예.

대일이 소파에 앉자, 소영이 있던 책상 앞에
앉는 기태. 주머니에서 불쑥 총을 꺼낸다.

대일

…!

기태

대일아, 넌 인간이 가져야 할 덕목 중에
가장 기본이 뭐라고 생각하냐?

대일

생각해본 적 없는데예…

기태

그럼 지금 생각해봐.

무심한 표정으로 총알을 빼내는 기태.

대일

…의리?

기태가 빼낸 총알을 하나씩 책상에 나열해 세
운다.

기태

의리 중요하지. 근데 난 말이다…
염치라고 생각을 해.

대일

염치라고예?

기태

내가 가장 싫어하는 인간이 염치가 없는
인간이거든.
염치라고는 조금도 없는 족속들.
그런 인간들이 꼭 등에 칼을 꽂아.

앞에서는 살랑살랑, 간 쓸개 다
빼줄 것처럼 굴다가…

총알 하나를 넣고 장전하는 기태. 긴장하는
대일.

기태

하, 결정적인 순간에 배신을 한단 말이지.
그게 다 부끄러움을 몰라서 그러는 건데.
부끄러움을 모르면 개돼지랑 다를 게
뭐가 있냐, 안 그래?

총 해머를 당기고는 대일의 앞에 와 앉는 기
태. 총구를 대일의 가슴팍에 가져다댄다.

기태

너 나한테 할 말 없냐?

말없이 기태를 노려보는 대일, 침을 꿀꺽.

기태

장건영이랑 붙어먹었지?

대일

…이라믄 같이 일 몬 합니다. 그래 내를
못 믿겠으면… 쏘이소.

서로의 눈을 피하지 않는 기태와 대일.

21. 부산 거리, 포장마차 / 밤

비 내리는 포장마차에 앉아 누군가를 기다리
는 건영. 대일이 옆에 와 앉는다.

건영

왜 그래, 얼굴이?

대일

황 국장 죽었습니까?

건영

백기태가 그래?

대일

더는 몬 하겠습니다. 황 국장도 한순간에
나가리 나는 판에…

건영

그러니까 니가 잘해야지. 백기태 손에
죽지 않으려면, 응?
백기태가 가만히 있을 거 같아, 니가
내 뿌락지라는 걸 알면?
백기태가 잡혀야 끝나는 거야. 그래야
니가 사는 거고.

대일

…이번이 마지막입니다.

235

건영

거래가 언제야?

대일

약속하이소.

건영

언제냐고.

22. 부산지검, 마약 수사반 / 오후

사무실 안을 가득 채우고 있는 수사관들.
예진과 김 계장의 모습도 보인다.
칠판 앞에 서서 작전 계획을 하달하며 수사관
들의 사기를 불어넣는 건영.

건영

금일 밤 이십이시. 여기 만금호가
공해상에서 히로뽕 재료를 가득 실은
일본 선박과 접선한다는 제보를
받았습니다.
한 팀은 만금호를, 또 다른 한 팀은
조직의 거점인 제조 공장을 동시에
칠 겁니다. 만금조!

수사관들

만금조!

건영

공장조!

수사관들

공장조!

칠판 위 소영의 사진을 가리키는 건영.

건영

특히 공장조는 백소영, 조직의 회계를
맡고 있는 중요 인물로서 오늘 밤
현장에서 반드시 검거해야 됩니다.

수사관들

예!

건영

부산지검 마약반! 힘내자!

수사관들

힘내자!

23. 공해상, 만금호 / 밤

깊은 밤, 검푸른 바다 위 만금호.
바닷물을 가르며 천천히 속도를 줄이며 다가
오는 거래선에서, 불빛으로 깜빡깜빡 신호를
보낸다.
어느새 서로 넘어갈 수 있을 만큼 배를 가까이
붙인 거래선과 만금호를 지켜보던 건영.

건영

출발하죠.

김계장

(무전)

자, 들어가겠습니다. 출발, 출발!

뒤이어 펑! 펑! 조명탄이 밤하늘을 수놓더니,
만금호로 돌진하는 해경 경비정!
어느새 만금호와 거래선 주변을 완전히 포위
한다…!
만금호 옆으로 바짝 붙인 고무보트에 탄 해경
과 세관원들, 건영을 필두로 일제히 갑판으로
올라선다.

건영

이 새끼들 이거 다 숨었네, 이거. 어?
꼭꼭 숨어라 머리카락 보인다. 거기 너!
동작 그만!

텅 빈 만금호 위, 빼꼼 머리를 드는 조직원이
건영의 시야에 걸린다.

건영

너 이 새끼 이리 나와! 야! 안 나와?!

퍽! 조직원이 던진 포대를 맞고 나가떨어지는
건영, 얼굴이 온통 가루 범벅이다.

조직원1

직이라!!!

김계장

영감님! 괜찮으세요? 뭐 해! 빨리 들어가,
빨리!!

넘어진 건영을 살피는 김 계장. 삽시간에 아
수라장이 되는 갑판.
배를 수색하려는 수사관들과 막아선 선원들,
야쿠자들까지 합세해 난투극이 벌어진다.

건영

너 이 새끼 너! 너 일로 와!

정신 차린 건영. 자신에게 포대를 던진 조직
원을 찾아 끝까지 쫓는다.

건영

너 일로 와…! 야 이 새끼… 가만있어,
일로 와!

수세에 몰린 조직원이 건영을 향해 칼을 빼
든다.

조직원1

개새끼가 나만 따라오노! 들어온나,
들어온나!!

건영

에? 들어와? 그래, 들어왔다, 새끼야!!

탕! 조직원을 향해 총을 발사하는 건영. 주춤

거리는 조직원.

총소리에 일제히 행동을 멈추고 건영 쪽을 보는 갑판 위 사람들.

건영

야 야, 공포탄. 이제부터 실탄이야.

탕! 하늘로 쏘아진 실탄. 건영과 일행이 만금호를 완전히 장악하는 데 성공한다.

건영

김 계장!

김계장

예, 영감님.

건영

애들 한데 모으고 마약 찾아요.

김계장

(수사관들 향해)

자, 들었죠?

수사관들

예.

김계장

약 찾아요, 약! 이제 마약 찾아!!

24. 축사 / 밤

쾅! 거침없이 출입문을 부수며, 들이닥치는 수사관들.

예진을 필두로 우르르 축사로 들어선 수사관들, 일동 당황하며 멈춰 선다.

조직원2

야 이, 똥이나 처먹어라!!

숨어 있던 조직원, 예진을 향해 돼지 똥을 던진다.

똥을 맞고 벙찐 예진, 이를 악물고 똥을 던진 조직원을 쫓기 시작한다.

25. 교차: 공해상, 만금호 갑판 위 / 축사 / 밤

갑판 위, 한쪽에 잔뜩 쌓여 있는 드럼통들.

수사관들이 장도리로 드럼통을 까면, 가득 든 양담배들.

김계장

(드럼통 뒤지며)

뭐야? 없어? 아니, 더 봐봐. 아…
돌겠네, 없어?
영감님, 이런 거밖에 없는데요?

(점프)

조직원들을 제압한 수사관들이 축사를 수색

하고 있다.

수사관1

백소영이 없나?

예진

없어요.

(점프)

갑판 위, 쌓여 있는 나무 상자들을 까보는 수
사관들.

수사관2

까봐, 빨리. 디봐라.
(상자 뒤져보며)

아씨 뭐고, 시계밖에 없노?

상자 안 어디에도 마약이 보이지 않고…
드럼통을 까던 장도리를 들고, 묶여 있는 조
직원들을 향해 다가가는 건영.

건영

강대일이 어딨어?

(점프)

한편, 무릎 꿇린 조직원을 향해 다가오는
예진.

예진

야! 똥덩어리! 백소영이 어딨어?

조직원2

백소영이 누꼬?

(점프)

갑판 위, 수갑을 찬 조직원들. 도무지 영문을
모르겠다는 뻔뻔한 표정들.

조직원1

난 모르는데예.

(점프)

조직원을 향해 윽박지르는 예진.

예진

백소영이 어딨냐고!!

조직원2

모릅니더…!

(점프)

조직원을 향해 장도리를 휘두르려는 건영.

조직원1

진짜 모릅니더!

건영, 그제야 대일에게 속았다는 걸 직감하
는데…!

239

26. 어느 곳 / 밤

품에서 돈뭉치를 꺼내 툭— 대일에게 건네는
기태.
대일, 떨리는 손으로 돈뭉치를 받아 든다.

대일

이래 안 챙겨주셔도 되는데…
다시는… 다시는 행님 뜻 거스르는 일
없을 깁니다.

(인서트)

과거. 축사, 사무실 / 밤

대일

그래 내를 못 믿겠으면… 쏘이소.

러시안 룰렛처럼, 대일의 가슴팍에 겨눠진 총
에는 총알이 하나 들어 있다.
곧장 탕! 방아쇠를 당기는 기태, 총알은 나가
지 않고.

대일

(떨리는 목소리로)

죄송합니다, 행님…!

탕! 한 번 더 방아쇠를 당기는 기태. 이번에도
빈총이 나간다.
두려움에 떠는 대일의 뺨을 툭툭 두들기는
기태.

(점프)

기태를 향해 고개 숙인 대일.

기태

당분간 숨어 있어라.

대일

예. 행님.

떨리는 대일의 목소리… 기태의 얼굴은 어둠
속에 가려져 잘 보이지 않는다.

27. 부산지검, 마약 수사반 / 오전

무거운 분위기의 마약 수사반. 허탈한 표정의
예진과 김 계장, 다른 수사관들.

건영

(중얼)

강대일… 강대일!!
강대일 소재 파악이 먼접니다. 가족들
거주지 위주로 잠복 깔고,
관할서에 협조 요청해서 터미널마다
인력 배치해요. 당장!

수사관들

예!

건영의 지시가 떨어지자마자 일사불란하게
움직이는 수사관들.

예진과 김 계장도 곧장 자리로 돌아가 수화기
를 드는데…
갑자기 마약반 안으로 우르르 몰려 들어오는
시커먼 양복남들!

감찰

감찰반에서 나왔습니다. 다들 자리에서
그대로 손들 떼시죠!

보면, 마약 수사반 사무실 압수수색에 나선 감
찰반.
아무런 설명도 없이, 서류들을 상자에 마구 쓸
어 담기 시작한다.

건영

당신들 뭐야?

감찰

제보가 들어왔어요. 이쪽 직원들이
압수한 마약을 되팔았다고.

김계장

그게 뭔 소리야?

예진

보소, 누가 그랍니까? 무슨 제보요?

감찰

김정원 계장님, 오예진 수사관 맞죠?
두 분은 저희랑 같이 좀 가시죠.

건영

꼼짝 말고, 잠깐 그대로 있어. 비켜!

길을 막고 있는 감찰반 인원들을 밀치고 사무
실을 나가는 건영.
더 이상 대꾸하지 않는 감찰반원들. 자료 챙
기기에 여념이 없다.

감찰

싹 다 챙겨요!

예진

(막아서며)

아, 와 이랍니까?!

그 와중에 자료 사수에 안간힘을 쓰는 예진과
김 계장을 에워싸는 몇몇 감찰반원들.

28. 부산지검, 차장검사실 / 오전

잠겨 있는 차장검사실 문을 두드리며 복도에
서 소리치는 건영.
웅성거리며 구경하는 사람들.

건영

마약반을 해체해요? 약쟁이가
지랄한다고?

차장검사(소리)

검사장님 지시야!

243

건영

아니, 백기태 손에 대한민국 검찰이
이렇게 놀아나도 되는 겁니까?!

차장검사(소리)

감찰 끝날 때까지만!
잔말 말고, 당분간 지검에 들어오지 말고
쥐 죽은 듯이 있어!
니 밑에 애들은 어떻게든 내가
감찰반에서 빼내 올 테니까.

건영

예! 좋습니다. 검사장님 찾아뵙고 제가
직접 말씀드릴게요.

벌컥! 문을 열고 나오는 차장검사. 그 틈에 차
장검사실로 밀고 들어가는 건영.
또다시 구경하던 사람들을 정리하고 방으로
들어가는 차장검사.

차장검사

야, 들어가, 아 들어가!!
(건영 보며)

야, 난 뭐 안 찾아갔겠냐?
사표 던지면서 들이박는데도, 눈 하나
깜짝하지 않는 양반을 니가 찾아가서
뭘 어쩔 건데.
니 식구들 더 다치게 할 거 아니면
자중해.
그 새끼들 기세가 심상치 않아!

건영

아니, 검사장이…

차장검사

(말을 끊고)

장검아, 무턱대고 들이박지만 말고,
생각 좀 하자.
백기태 뒷배가 천석중 경호실장이면
니 뒤에 누가 있는데?
그놈들 상대하려면 적어도 체급은
맞춰야 될 거 아냐? 이 답답한 새끼야.

건영

(벽에 걸린 표구를 가리키며)

원칙을 따라 정도를 걷는 검찰!

이글대는 눈빛의 건영. 그대로 사무실을 나가
버린다.

29. 청와대, 비서실장실 / 오전

탁— 데구르르… 퍼팅 매트 위를 유려하게 굴
러가 홀에 들어가는 골프공.
고개를 드는 나용철, 만면에 흐뭇한 미소가 가
득하다.

나용철

아, 불러놓고 딴짓한다 오해는 마시고.
우리 각하를 잘 모셔야 하는데,
영 필드 나갈 시간이 없어, 내가.

차장검사

(손사래)

아닙니다. 편히 하십시오.

나용철

듣자니까 천 실장이 검찰 수사권에
개입을 했다고요?

차장검사

예. 황 국장 사건을 중정이 직접
수사하도록 지시하신 모양입니다.

골프채를 집어던지고 자리에 와 앉아 담배를
무는 나용철.

나용철

계속해요.

차장검사

실은… 저희 지검 마약반 검사 하나가,
이번에 황 국장 사건을 맡은 중정의
백기태 과장이 히로뽕 사업에 손을 대는
것을 알고 수사 중이었습니다.
실장님 앞에서 이런 말씀 올리기
불경스럽지만, 경호실장님께서 그런
백기태를 밀어주신다는 게…

나용철

천 실장이 뽕쟁이 뒤를 봐준다…?

30. 이케다 저택, 정원 / 오후

(자막)

일본 오사카

상석에 앉은 이케다를 중심으로, 야쿠자들이
양옆에 도열해 앉았다.
유지가 서둘러 들어서더니 이케다를 향해 고
개 숙인다.

유지

(일어)

제가 제일 늦었네요. 기다리게 해서
죄송해요, 아버지.
私が一番遅かったようですね。
お待たせしてしまい、申し訳ありません。
お父様。

이케다를 향해 공손히 눈을 내리깔며, 미소 짓
는 유지.
개의치 않고, 야쿠자와 대화를 이어가는 이케
다. 자신의 자리로 가 앉는 유지.

이케다

(일어)

그래서, 이제 남은 공장이 몇 개라고?
それで、残りの工場はいつくだ?

야쿠자1

(일어)

두 개 남았습니다만, 계속 경찰의 감시를
받고 있어서 그쪽도 언제 어떻게 될지
모르는 상황입니다.

二つ残ってますが、
ずっと警察の監視を受けていて
いつどうなるかわからない状況です。

야쿠자2

(일어)

다들 일본에서 히로뽕 사업은 이제
끝났다고, 시바자키 쪽도 슬슬 히로뽕은
정리하는 모양새입니다.

皆、日本でのヒロポン事業は
もう終わったと、柴崎の方もそろそろ
ヒロポンは手を引いてる模様です。

유지

(일어)

끝나긴요. 약 찾아 헤매는 중독자들이
전 일본에 널렸는데.
한국에 새로운 생산 기지를 건설하면
모두 해결되는 문제예요, 아버지.
한국은 홍콩이나 대만에서 원료를
들여오기도 좋고 단속도 허술합니다.
히로뽕을 생산하기에 최적의 입지죠.

終わりだなんて、薬を探して
彷徨ってるポン中たちが日本中に
散らばっているのに。韓国に新しい
生産基地を建設すればすべて解決される
問題です。お父様。

韓国は香港や台湾から原料を
持ち込むのも容易く取り締まりも
お粗末です。ヒロポンを生産するには
最適な立地です。

내내 조용하던 백발의 원로 키무라, 비웃음을
머금고 유지를 쏘아본다.

키무라

(일어)

그 새로운 생산 기지는 언제
건설되는 거지?
가망 없는 일에 어리석게 매달리는 건
조직을 위태롭게 만들 뿐이야.

一体その新しい生産工場というのは
いつ建築されるんだ?
見込みのねぇことに愚かにしがみつくのは
組織を危うくするだけだぞ。

유지

(일어)

히로뽕 시작은 해마다 커지고 있고,
현재도 우리 조직의 가장 큰
자금줄이에요.
그걸 쉽게 포기하는 게 오히려 조직을 더
위태롭게 만드는 어리석은 짓 아닐까요?

ヒロポン市場は年々大きくなっており
現在も我が組織の最大の資金源です。
それを簡単に諦めることが
むしろ組織をさらに危うくする愚かな

ことではないでしょうか?

키무라

(일어)

이 버릇없는 조센징 계집!
分をわきまえない朝鮮人の女が！

테이블을 발로 차며 자리에서 일어서는 키무라.
순식간에 격앙되는 회합장의 분위기. 유지는 두 눈을 똑바로 뜨고 키무라를 쏘아본다.

키무라

(일어)

감히 어디서!
何様のつもりだ！

이케다가 자리에서 일어서자, 격앙된 분위기가 차분해지며 일동 이케다를 향해 고개 숙인다.
유지를 지그시 보는 이케다.

이케다

(일어)

네가 어리석은 짓을 하는 게
아니길 바란다.
어리석은 자에게 기회를 주는 것 또한
어리석은 일일 테니.
おまえが愚かな
選択をしないことを願うぞ。

愚かな者に機会を
与えることもまた愚かなことだからな。

31. 서울, 안가 / 오후

(자막)

한국 서울

시가에 불을 붙이는 천석중과 마주 앉은 유지,
제법 친근해 보인다.

유지

백기태가 꽤 마음에 드셨나보네요,
황 국장 날린 걸 다 허락해주시고.

천석중

황 국장을 백기태가 죽였다드나?

유지

모르셨어요?

천석중

(능청스럽게)

그… 불나가 죽었다 카든데, 아인가?

유지

(싱긋)

불이 난 건 맞는데… 상관없으신 거죠?

247

©2026 Disney and its related entities.

천석중

욕심 많은 것들은 쉽게
멍청해져서 문제라.
내야 그 자리에 누가 있어도 상관없지.
그 듣자 하이 최 사장이 꽤 마음에
두는 거 같더만, 잘생기 그카나.

유지

…백기태가 잘못되면, 대안은 있으세요?

천석중

와, 백기태 못 믿나?

유지

전 사람은 안 믿어요. 제가 쥐고 있는 걸
믿죠.

천석중

이래가 내가 최 사장이 제일 무서븐 기라.

유지

백기태는 자기 동생들을 무척 아껴요.
특히 백기현이라고, 실장님처럼 육사
출신인 동생이 하나 있는데…

천석중

육사 출신?

유지

네. 그 동생이 그 사람 약점이에요. 그게

좀 걸려요.

32. 강원도, 시골길 / 오후

햇볕이 내리쬐는 시골길에 일렬로 길게 늘어
선 군인들. 완전군장 차림으로 행군 중이다.
철모에 소위 계급장을 단 기현.

군인들

좌우로 밀착!

대열의 앞에 서서 지친 병사들을 독려하며 힘
겨운 걸음을 옮긴다.

병장

똑바로 걸어.

비틀거리는 홍 일병을 괴롭히며 걷는 병장.

홍일병

일병 홍지환!

병장

내가 밀어주고 있잖아.

홍일병

감사… 감사합니다.

병장

진짜로?

홍일병

혼자 할 수 있습니다.

병장

지랄하네, 빨갱이새끼.

홍 일병을 미는 병장. 언덕 아래로 굴러떨어
지는 홍 일병.
몇몇 병사들이 쓰러진 일병을 도와주려 언덕
을 내려가려는데,

병장

야! 뭐 해?

다른 병사들에게 눈을 부라리며 눈치를 주는
병장.
다른 소대원들은 넘어진 일병을 낄낄대며 조
롱하거나 딴청을 부리고 있다.
그때, 언덕을 뛰어 내려가 홍 일병을 살피는
기현.

병장

아 그… 홍 일병이 발목을 조금 삐끗한 거
같습니다.
그래서 거기 굴러떨어지게 됐습니다.
신경 쓰지 마십시오.

기현이 날카로운 눈빛으로 소대원들을 훑어
본다.
발목을 다쳤는지 위태롭게 휘청이는 홍 일병.

기현

일어나봐. 군장 벗어.

홍일병

제가 할 수 있습니다.

기현

군장 벗어. 명령이다.

홍 일병을 부축해 언덕을 올라가는 기현.
병장이 그 뒤에 대고 이죽거린다.

병장

빨갱이새끼나, 밥풀떼기나 부대 꼴
존나게 잘 돌아간다~ 씨발…

33. 내무반 앞 / 밤

모두가 잠든 늦은 밤. 내무반으로 복귀하는
홍 일병.

이등병

홍 일병님, 아직 교대 근무시간 아닌데
어쩐 일이십니까?

홍일병

어? 추워서… 다들 자지?

이등병

예, 그렇습니다.

홍 일병

…고생했어.

내무반으로 들어가는 홍 일병.
불현듯 탕! 타탕!… 적막을 깨는 날카로운 총성.

34. 내무반 앞 / 밤

비가 쏟아지는 내무반 앞. 헌병들에게 체포되어 나오는 피투성이의 홍 일병.
그 뒤로 미동도 없는 시신과, 총상을 입고 고통스러워하는 부상자들이 뒤섞여 실려 나온다.
그 모습을 멍하니 지켜보고 선 기현.

35. 내무반 안 / 밤

피투성이로 엉망이 된 내무반 안.
씩씩대며 중대장의 뺨을 후려치는 대대장.
두 번째 손길을 피하는 중대장, 대대장의 더 큰 화를 부른다.

대대장

허, 이것 봐라, 이 새끼 이게 피해? 아이 씨발, 니들 뭐 하는 새끼들이야!!

대대장 앞에 부동자세로 선 기현은 딱딱하게 경직된 얼굴이다.

중대장

죄송합니다.

대대장

이거 수습 제대로 못 하면 너나 나나 다 모가지야, 알아들어?!

중대장

예, 알겠습니다.

대대장

해 뜰 때까지 부상자들 상태 수시로 살피고,
사망자 추가 발생하면 즉각 보고해!

중대장

충성!

대대장이 나가자마자, 기현을 향해 발길질하는 중대장.
기현, 이를 악물고 버티는데…

중대장

야 이 씨발새끼야! 이 씨발아!!!
너 나 엿 먹인다고 이러냐? 응?
내가 분명히 경고했지! 일 터지기 전에 애새끼 전출을 보내든, 뭘 어떻게 하든 간에 니가 똑바로 관리를 하라고!
야. 이 꼴을 한번 봐봐. 이거 니가 다 자초한 일이야. 알겠어?!

비뚤어진 모자를 바로 쓰는 기현. 두 눈에 이
글거리는 분노.

36. 명성절단 / 밤

늦은 밤, 비밀 수사 사무실에 홀로 앉아 있는
건영.
문득 자리에서 일어나, 수사 자료가 붙어 있는
칠판 앞으로 가는 건영.
칠판에 붙어 있는 기태의 사진을 쏘아보다가,
그 옆에 나란히 붙은 사진 한 장을 떼어낸다.
보면, 기태의 사진이 아닌 군복을 입은 기현의
사진…!

37. 기현의 부대, 조사실 / 오전

조사실로 들어와 거만하게 다리를 꼬고 앉는
남자.
기현의 육사 동기이자, 보안사 수사계원인 남
상욱 소위다.

상욱

백기현 오랜만이다. 졸업식 때 보고
처음인가? 너랑 나랑?

기현

아는 사이라고 대충 하지 말고,
하던 대로 해.

상욱

여전히 뭐 당당해. 수석이라서 그런가?
그냥 다 니 밑으로 보이세요?

기현

넌 보안사를 가도 여전하구나.
깐족거리지 말고 빨리 해.
니가 온 이유가 있을 거 아니야.

상욱

너 니네 중대장이 홍 일병 전출 요구
깠다고 진술했다매. 진짜냐?

기현

없는 말 안 해. 있는 그대로 말한 거야.

상욱

넌 참 예전이나 지금이나 진짜 변한 게
없다. 좆도 모르면서 잘난 척은 씨…

양발을 기현 앞 책상에 올리며 기현을 자극하
는 상욱.

상욱

니네 중대장 큰아버지가 외무부
차관이고, 아버지는 명중건설
사장이랜다.
이번 사건 누구 하나는 책임지고
옷 벗는 게 깔끔한데… 그게 니네
중대장은 절대 아니라는 소리다.

253

내가 보안사 있으면서 매일 뼈저리게
느끼는 게 뭔지 아냐?
아무리 잘나봐야 혼자 힘만으론 할 수
있는 게 아무것도 없다는 거야.

기현

…

상욱

혼자 정의로운 척하지 말고,
진술서 다시 써.
지금이라도 협조하면 내가 너
옷 벗는 건 막아줄 수 있어.
야, 동기 좋은 게 뭐냐? 이럴 때
서로 돕는 거지.
그니까 앞으로 넌 내가 시키는 대로
하면 되는 거야. 응?

기현

…중대장 앞길 막지 말고, 내가 다
뒤집어써라?
야, 니들이 이렇게 나올 줄 알고 내가
일부러 그렇게 진술한 거야.

상욱

…뭐?

기현

앞길 막히기 싫은 거, 나도 마찬가지거든.
이왕 차관 큰아버지 빽 쓸 거면

나 밟고 쉽게 빠져나갈 생각 말고,
똑바로 수습하라고 해.
난 절대 혼자 안 죽을 거니까.

38. 연병장 / 오전

조사를 마치고 연병장으로 나온 기현. 기현에
게 다가오는 병사 하나.

병사

충성! 소대장님, 누가 찾아오셨지
말입니다. 지금 면회장에 계십니다.

39. 면회장 / 오전

면회장에 마주 앉은 건영과 기현. 둘 다 표정
이 무겁게 가라앉았다.
건영의 명함을 손에 쥔 기현… 충격을 받은 얼
굴이다.

기현

제가 그쪽 말을 어떻게 믿습니까?

건영

믿기지 않는 얘기죠?
근데 백기현 씨도 잘 알 겁니다.
백기태 씨가 그 나이에 그 정도 힘을
가질 수 있다는 게, 그게 그냥 되는 일은
아니죠.

이글거리는 건영의 눈빛을 마주하는 기현, 혼
란스러운 기색이 역력하다.

건영

백기현 씨 누나 백소영 씨도
같이 하고 있어요, 그 일을.
내가 이대로 백기태 씨를 잡으면 당신
누나는 감방 가고, 백기현 씨 당신도
군복을 벗어야 될 수도 있어요.

순간, 자리를 박차고 일어나서는 기현. 얼굴
이 확 달아오르며 동요하는 기색이 만연하다.
그때를 놓치지 않는 건영, 날카로운 눈빛으로,

건영

그러기 전에 백소영 씨 설득해서
자백하게 하세요.

기현

…검사님께서도 우리 형 쉽게 잡을 수
있었으면 여기까지 안 오셨겠죠.
그쪽도 나한테까지 찾아올 만큼 상황이
어렵다는 거 아닙니까?
검사가 협박도 다 하시고.

건영

형제가 닮으셨네.

자리를 서둘러 떠나는 기현. 기현의 뒤를 쫓
으며 계속해 자극하는 건영.

건영

백기현 씨가 모르는 게 하나 있어요.
난 절대 포기하지 않습니다, 백기태.
법대로 책임을 물게 할 겁니다, 끝까지.

이글거리는 건영의 눈빛을 마주하는 기현, 혼
란스러운 표정으로 자리를 벗어난다.
사라지는 기현의 등 뒤에 대고 소리치는 건영.

건영

백기현 씨, 생각 잘해야 됩니다!!

40. 부산 중정, 기태의 사무실 / 오전

표과장

어떻게 하게? 장건영 언제까지
놔두려고?
검찰 쪽에서 연락이 왔는데,
감찰반에서도 붙잡고 있기가 어렵대, 어?

기태

어설프게 밟았다가 본전도 못 찾아.

표과장

무슨 생각인데?

기태

내가 알아서 할게.

255

표과장

(화를 누르며)

야. 니… 얘길 해봐.

니가 뭘 알아서 해?

이때, 똑똑— 밖에서 들리는 노크 소리.

기태

들어와!

이내 급히 사무실로 들어서는 이 주임, 표 과장을 보고 잠시 멈칫.

이주임

말씀 중에 죄송한데, 급한 일이라…

표과장

뭐 이 새끼야, 나보고 나가라고?!! 말해!!

기태

뭔데, 그냥 얘기해.

이주임

동생분한테 문제가 좀 생긴 것 같습니다.

보안사에서 조사가 들어간 거 같은데,

상황이 안 좋습니다.

41. 기현의 부대, 중대장실 / 오후

책상 위에 군홧발을 올려놓고 통화 중인 중대장.

중대장

뭐? 중정에서 누가 와? 백 소위 형?

아니… 그게 지금 무슨 소리야, 이

새끼야?!

그 순간, 중대장실 문을 열고 들어서는 기태.

방문을 걸어 잠그는 기태를 보고 당황한 중대장.

중대장

아니… 저기, 누구십니까?

무표정한 기태의 주먹 한 방에 퍽! 그대로 바닥에 나뒹구는 중대장.

중대장, 손으로 황급히 머리를 감싸지만… 연이어 내리꽂히는 기태의 발길질.

사색이 된 중대장, 급기야 기태의 바짓단을 잡고 애원한다.

중대장

그만…! 어억… 살려…

마침내 발길질을 멈추는 기태.

싸늘한 표정으로 바닥에 쓰러진 중대장의 머리채를 잡아끌어 일으킨다.

기태

똑바로 서. 정신이 좀 들어?

중대장

예.

기태

가서 백기현이 데려와.

중대장

…알겠습니다!

42. 기현의 부대, 중대장실 앞 / 안 / 오후

빠른 걸음으로 중대장실로 들어가는 기현.
아무렇지 않게 중대장실을 차지하고 앉아 있
는 기태.

기현

어떻게 알고 오셨습니까?

기태

니가 말 안 하면 내가 모를 거 같냐?

기현

…제가 알아서 하겠습니다.

기태

니가 뭘 알아서 해.

기현

(버럭)

제가 좀 알아서 하겠습니다!

기태

형이 말했지, 억울하고 분하면
힘부터 키우라고.
무시당하기 싫으면 먼저 밟아버리고,
앞길 막는 새끼 있으면 치워버리면 돼.
어차피 세상은 힘 있는 놈들이 다 해먹는
세상이라고 형이 몇 번을 말하냐.

기현

말씀 끝나셨으면 가보겠습니다.

기태

서! 새끼가 건방지게. 너 말고
니 중대장이 옷 벗을 거다.
다음 달에 보안사에 자리 날 테니까
준비하고 있어. 이게 힘이다, 알았냐?

기현

…저 다음 주에 월남 갑니다.

기태

…? 니가 거길 왜 가?!

기현

형님께서 항상 말씀하신 그 힘, 저도 한번
길러볼까 합니다.

기태

넌 그냥 내가 시키는 대로 하면 돼!

기현

제 일은 제가 알아서 합니다.

기태

이 새끼가!!

주머니에서 명함 하나를 꺼내는 기현, 기태에게 내던진다.

기현

그러니까 형님께선 제발 형님
앞가림이나 똑바로 하십시오.
나랑 누나 앞길까지 막지 말고.

그대로 중대장실을 나가버리는 기현.
기태, 기현이 건넨 명함을 보면… '부산지방검찰청 장건영 검사'.

43. 명성절단 / 밤

계단을 올라오는 건영. 사무실 앞에서 기다리던 예진을 만난다.

건영

오 수사관. 안 들어가고 뭐 해요, 거기서?

예진

영감님, 어디 다녀오십니까?

건영

백기현이 좀 보고 왔어요.

예진

백기현이요?

건영

고생 많았죠?

예진

아입니다.

건영

수고했어요. 들어갑시다.

예진

저 그… 백기현이는 뭐 한다고 만나신 겁니까?

건영

나도 좀 흔들어보려구요, 백기태를.
똑같이 돌려줘야죠, 그쪽에서 건드린
만큼.

예진

포기 안 하시는 겁니까?

건영

왜 합니까, 포기를. 나쁜 놈 잡는 게
내 일인데.
식사 안 했죠? 우리 밥부터 먹고
기운 냅시다. 김 계장은?

어색하게 웃는 예진… 어쩐지 머릿속이 복잡
해 보이는 표정인데,

예진

그러게예. 금방 오신다고 했는데.
근데 지금 쌀이 다 똑 떨어졌을 긴데.
라면이라도 좀 끓일까예?

말릴 새도 없이, 성큼성큼 부엌으로 향하는
건영.
예진이 허둥지둥 뒤를 따른다.

건영

아이고, 라면도 없네요. 내 금방 가서
사 올게요.

예진

아, 아입니다. 지가 갈께예, 영감님.

건영

잠깐 좀 있어요.

말릴 새도 없이 사무실을 나가는 건영을 보며,
어쩐지 머릿속이 복잡해 보이는 예진.

44. 구멍가게 / 밤

건영

많이 파세요~
(나오다 바깥 보고)

아유… 비가 내리네.

검은 비닐봉지에 물건들을 담아 밖으로 나오
는 건영.
봉지를 들고 가게 앞에 세워놓은 낡은 자전거
에 올라탄다.
병끼리 부딪치는 짤랑거리는 소리와 함께, 힘
차게 발을 굴러 출발하는 건영의 자전거.

기태(NA)

나는 개돼지가 아니라,
힘을 가진 자가 될 것이다.

(인서트)

과거. 기현의 부대, 중대장실 / 오후

건영의 명함을 갈기갈기 찢는 기태.

기태(NA)

내 앞에 개돼지들을 무릎 꿇리고,
나보다 더 큰 힘을 가진 자들을
끌어내리고…
끝내, 세상을 바꿀 것이다.

261

45. 명성절단 / 밤

치이이— 냄비에 물을 끓이고 있는 예진.
깊은 생각에 잠긴 채, 멍하니 냄비에서 올라오
는 김을 바라보고 있는데…
문이 열리는 소리에 돌아보면, 김 계장이 사무
실 안으로 들어서고 있다.

김계장

미쓰 오, 혼자 있었어?

예진

예.

김계장

영감님은?

예진

라면 사러 가셨어예.

김계장

물 끓는다.
(앉으며)
아이고야, 힘들다…

사무실 문을 보며 건영을 기다리는 예진.

46. 거리 / 밤

쏟아지는 빗줄기를 따라 카메라 바닥으로 내
려가면, 쓰러져 있는 건영의 낡은 자전거.
산산조각 난 소주병 파편과 함께 떨어져 있는
검은 비닐봉지.
건영의 모습은 어디에도 보이지 않고…
그 옆에, 툭… 투둑… 빗물이 가득 찬 건영의 구
두 한 짝이 떨어져 있다.

기태(NA)
억울해도 할 수 없다.
세상은 원래 힘 있는 놈들의 전쟁터니까.

제6화
메이드 인 코리아

1. 프롤로그: 애국자들

법원. 마약상 부부를 죽인 미군들의 형량을
구형하는 건영.

건영

이에 본 검사는 마약 중독의 위험성과
사회의 경각심을 높이기 위해서
사형을 구형합니다.

건영(NA)

법복을 입은 지 10년, 알게 된 것이
하나 있다.
같은 옷을 입고 같은 자리에 섰다고,
모두 같은 길을 가지는 않는다는 것.

(점프)

과거. 부산 중정. 천석중의 국장 취임식.
양복을 입고 도열한 황 국장과 수십 명의 중정
요원들,
천석중의 말을 복명복창한다.

천석중

나는 자랑스러운 태극기 앞에 각하와
조국의 무궁한 영광을 위하여
충성을 다할 것을 굳게 다짐합니다.

건영(NA)

누군가는 애국, 나라를 사랑하고

(점프)

부산항, 제3부두. 장대비가 쏟아지고 있는 부
산항.
국군 장병들이 부두에 정박 중인 미군 수송함
에 오른다.
그 사이로 전투모를 깊게 눌러쓴 모습의 기
현. 차갑게 가라앉은 눈빛…

건영(NA)

구국, 나라를 구하고

(점프)

축사. 늦은 밤까지 히로뽕을 만들어 포장하는
조직원들.

건영(NA)

망국, 나라를 망치기도 한다.

(점프)

과거. 계곡 식당.
천석중에게 땅에 닿을 듯 허리 숙이는 황 국
장을 아연하게 바라보는 기태.
황 국장이 경호실 직원에게 햇빛을 가릴 우산
을 건네받으며,

황국장

아! 내가 할게.

건영(NA)

백기태는 자신이 가려는 길이 어떤 길인지

267

분명히 알고 있었다.

(점프)

과거. 목이 잘린 마약상 부부의 집.
어린아이를 안은 건영, 현관을 나서면 추적추
적 비가 내린다.

건영(NA)

그 길이 어떤 피의 대가를 불러올지도.
백기태 같은 자들이 애국을 외치는
이유는 오직 하나.
나라 이름을 팔아 자기 배를 불리는 것.

(점프)

다시 현재, 명성절단.
형형하게 빛나는 건영의 눈빛.

건영(NA)

나의 애국은, 그놈들과 끝까지
싸우는 것이다.

2. 타이틀 시퀀스

음악과 함께 시작되는 타이틀 시퀀스.

"MADE IN KOREA"

3. 부산 중정, 취조실 / 밤

촤악—! 한바탕 물벼락을 맞는 건영.

혜은(소리)

오빠… 오빠…

힘겹게 정신을 차리고 눈을 뜨면…
앞에 앉은 동생 혜은, 피 묻은 입술을 바들바
들 떨고 있다.

건영

혜은아…

혜은

오빠…!

건영

혜은아, 아니 왜 니가 여기 있어!

기태의 얼굴이 취조실 조명등 아래 선명하게
드러난다. 건영에게 다가오는 기태.

기태

어떻게, 정신이 좀 드십니까?

건영

(악을 쓰며)

야, 백기태! 이 개새끼야!

의자에 묶인 채 몸부림을 치는 건영, 기태를
죽일 듯이 노려보는데…
건영 앞에 사진을 내밀어 보여주는 기태. 보
면, 대일이 몰래 건영과 접선했던 날의 사진들

268

이다.

기태

그날 황 국장은 왜 미행했어요?
강대일이랑 짜고 황 국장 죽인 겁니까?

건영

야! 너 뭔 일 꾸미는 거야, 새끼야!

혜은에게 걸어가는 기태. 기태가 가까이 다가
올수록 바들거리며 몸서리치는 혜은.

기태

장혜은 씨, 김민수 알죠? 기타 선생.
김민수가 북에서 지령을 받고 여공들을
포섭해서 지하조직을 결성했어요.
김민수가 북에서 받은 공작금은
장혜은 씨 당신이 직접 관리했고.

건영

야 이 개새끼야! 뭔 개소리야!

악에 받쳐 소리치는 건영, 서늘한 눈빛으로 건
영을 쏘아보며 계속해 혜은을 겁박하는 기태.

혜은

그냥… 동호회 회비로 모은 건데…

기태

당신 오빠도 다 알고 있었겠네.

당신이 빨갱인 거.
저기 저 장 검사가 김민수 수사 관련
내부 정보를 흘려줬고, 당신은 그걸
김민수한테 알려줬고, 그지?

혜은

아니, 그런 적 없어요! 오빠는 아무 잘못
없어요.

기태

그럼 당신은 확실히 상관이 있는 거고?

건영

혜은아! 혜은아, 괜찮아! 혜은아, 괜찮아.
침착해! 오빠 믿어!!

기태

당신 김민수랑 깊은 관계 맞잖아, 그지?

혜은

아… 그게…

건영

혜은아!

기태의 유도신문에 공황에 빠지는 혜은.

건영

혜은아! 혜은아! 아무 말도 하지 마!
혜은아! 아무 말도 하지 마!!

절대 넘어가면 안 돼! 혜은아! 괜찮아!
야! 백기태, 너 나랑 얘기해, 새끼야!

목이 터져라 혜은을 부르며 몸부림치는 건영.
녹음기 쪽으로 가서 재생 버튼을 누르는 기태.

김민수(소리)

나 김민수는 장혜은과 북에서 공작금을
받으며 지하조직을 운영했습니다.
장혜은은 친오빠인 장건영을 통해
저에 대한…

녹음기에서 흘러나오는 김민수의 자백 내용
에 더욱 혼란스러운 혜은과, 광분하는 건영.

건영

(기태를 향해)

일로 와!!

혜은

아니에요!!

건영

혜은아! 혜은아! 오빠 봐! 오빠 봐!
오빠 믿어! 괜찮아, 혜은아.
야! 백기태 이 개새끼야! 너 일로 와!
일로 와! 나랑 얘기해!
나랑 얘기해, 이 새끼야!!

기태

날 건드렸을 때 이 정도 각오도 안 했어?

건영에게 다가가 다시 안경을 씌워주는 기태.

기태

이건 둘 중에 하나가 죽어야 끝나는
싸움이에요.
물론 그게 나는 아닐 거고.
영감님, 이제 앞이 좀 보이십니까?

제6화 메이드 인 코리아

4. 부산지검 앞 / 오전

도착하는 차에서 내리는 검사장.
기다리고 있던 차장검사와 검사들이 검사장
의 뒤를 따른다.

검사장

어떻게 된 거야?

차장검사

어제 장 검사 동생이 반공법 위반으로
중정에 먼저 체포됐답니다.
장 검사를 그 건에 같이 엮으려는 것
같습니다.

검사장

이런 시건방진 새끼들이, 상도덕도 없이

어딜 감히 검사한테!
대한민국 검찰이 지들 밑에 있는 꼴이다,
이거야?

차장검사

자칫 잘못하면 조직 전체가 흔들리는
일이니 즉각 대응하셔야 됩니다.
검찰 차원에서 정식으로 항의하고,
장 검사를 빼낼 방법을 찾아보겠습니다.

검사장

그, 지난번 나 실장한테 가져간 건
어떻게 됐어?

차장검사

마음에 들어하시는 눈치였습니다.

검사장

전면전이야. 각오들 단단히 해!

검사들

네!

5. 청와대, 복도 / 오전

같은 시각, 흡족한 얼굴로 대통령 집무실을 나
서는 나용철 비서실장.
끼이익… 쿵. 거대한 집무실 문이 완전히 닫히
고서야 깊게 숙였던 허리를 편다.
복도에서 기다리던 비서실 직원이 다가서고,

함께 복도를 걷는 두 사람.

비서1

어떻게, 각하랑 말씀은 잘 나누셨습니까?

나용철

뭐, 성완건설 김 사장 공천은 해결됐고,
태종그룹은 시간을 좀 더 주시기로.

비서1

축하드립니다, 실장님. 천 실장이 알면
속깨나 쓰리겠는데요?

나용철

지가 속이 쓰려봤자, 각하 뜻이 이런데
별수 있나.

비서2

실장님!

이때, 급히 다가오는 또 다른 비서실 직원.

나용철

무슨 일인가.

비서2

좀 전에 검찰에서 급한 연락이 있었는데,
중정에서 검사 하나를 잡아간
모양입니다.

271

6. 청와대, 경호실장실 / 오후

천석중을 찾아온 나용철이 소파에 털썩 앉
는다.
호랑이 굴에 제 발로 들어온 것치고는 기세가
만만치 않은 나용철.

천석중

나 실장님께서 여까진 우옌 일로.

나용철

그러게 말입니다. 웬만하면 나도 가만히
있으려고 했는데
하도 이상한 얘기를 들어서요.
지금 검찰 전체가 발칵 뒤집힌 거 알죠?

천석중

글쎄요. 뭔 일 있습니까?

나용철

그 아무리 중정이 천 실장 손안에
있다지만 너무 티 내진 맙시다.
각하께서 항상 당부하시는 게
제 자리에서 책임을 다하라는 거요.
서로 넘지 말아야 할 선은 좀
지키자는 거지.

천석중

그카는 실장님도 요즘 검찰 일에 부쩍
관심 마이 두십니다.

나용철

선거 앞두고 각하가 이런저런 걱정이
많으십디다.
적당히 하고 각자 하던 일이나 잘하자,
뭐 그런 뜻이에요.

7. 부산 중정, 표 과장 사무실 / 청와대, 경호실장실 / 오후

천석중과 통화하는 표 과장.

표과장

(통화)

죄송합니다. 이게 저도 미리 알았으면
실장님께 바로 보고를 드렸을 텐데,
백 과장이 단독으로 일을 벌이는 바람에
저도…

천석중

(통화)

그카니까 백기태가 내 허락도 없이
검사를 잡아들있다, 이 얘기가?

표과장

예, 그렇습니다. 지금 상황이 나쁘지는
않은 것 같습니다.
여동생 쪽 혐의도 워낙 확실해서
검찰 쪽에서 반발이 있더라도
빠져나가기는 쉽지…

천석중

(버럭)

야!

표과장

예…

천석중

니 백기태 통제 안 되나? 되나, 안 되나?

표과장

됩니다. 통제됩니다.

천석중

똑바로 해라.

표과장

예. 똑바로 하겠습니다.

천석중

똑바로.

표과장

예. 똑바로 하겠습니다.

8. 부산 중정, 취조실 / 오후

건영과 마주 앉은 기태. 김민수의 진술서를
보는 건영.
흘려 쓴 글씨로 혜은이 간첩 활동에 가담했다
는 내용이 쓰여 있는 진술서.

기태

거기 보다시피 김민수가 지 살겠다고
당신 동생을 팔아넘겼어요.
거기 적힌 대로면 당신 동생은 간첩죄로
사형선고를 받을 수도 있습니다.

건영

공안 수사로 날 물 먹이겠다? 거기다
내 동생까지 엮어서.
백기태 씨. 내가 법정에서 이 진술들을
순순히 인정할 거 같애?

기태

인정을 하든 안 하든 우리가 밀어붙이면
이게 법정에서 어떤 효력이 있을지,
그 잘~ 아실 만한 분이.

건영 앞에 진술서를 슥— 내미는 기태, 지장
찍는 부분을 손가락으로 톡톡.

기태

동생 살리고 싶으면 찍어요. 기회는
줄 때 잡는 거예요.
하나뿐인 동생까지 부친 꼴 나게
만들 겁니까?

이때, 표 과장이 조사실로 들어선다. 기태에
게 뭔가 급히 전할 말이 있는 눈치.

273

표과장

나와, 중요한 얘기야.

9. 부산 중정, 취조실 밖 복도 / 오후

기태

뭔데?

표과장

보고도 없이 일 벌였다고 왕창 깨졌다.
우선은 장 검사 빨리 풀어주고, 일본
거래에만 집중하라는 지시야.

기태

내가 알아서 정리할게.

표과장

니가 뭘 어떻게 알아서 정리할 건데?
선거 얼마 안 남은 거 알잖냐.
이번에 자금을 얼마나 확보하는지가,
그게 승부수가 된다고.

기태

그래서 내가 지금 이러는 거 아니냐.
장건영이를 확실하게 정리해야 거래에
집중할 수 있어.

표과장

나용철 실장 검찰 쪽에 붙은 모양이야.
장건영이 더 이상 못 나대게 윗선에서

다 합의 봤다니까,
넌 그냥 사업이나 신경 쓰라고.
천 실장 두 번 말 안 하는 인간인 거 알지?
나 전달했다, 분명히.
그리고 다음부터 나랑 상의하면서 좀 해.
서운해.

10. 한적한 도로 / 밤

깊은 밤, 한적한 도로에 멈춰 서는 검은 차량.

표과장

내리세요.

조수석에서 내린 표 과장. 뒷좌석에 검은 두
건을 뒤집어쓰고 있던 건영을 끌어내린다.
건영의 수갑을 풀어주는 표 과장.

표과장

가만있어봐, 아~ 잠깐만요. 검사님,
지난번에 백기태 믿냐고 물어봤었죠?
내 생각을 해보니까 검사님이랑 저랑은
잘 지내지 못할 이유가 없더라고.

건영

이 개새끼…

표과장

잘 지내보자고요. 무슨 말인지 알겠어요?
연락드리겠습니다.

곧장 머리에 쓴 두건을 벗어 던지는 건영.
그사이, 표 과장은 다시 차에 올라타는데.

건영

야! 우리 혜은이 어딨어?!

표과장

잘 있어요. 걱정 마세요.

곧바로 부웅― 지프가 속도를 높여 사라진다.

11. 명성절단 앞 / 밤

예진

…! 영감님!!

외부 계단을 내려오는 예진과 김 계장.
얼굴이 상처투성이인 건영을 발견하고는 한
달음에 달려간다.

김계장

아휴, 이게 무슨…

건영

별일들 없었죠? 짐들 챙기세요.
여기 정리하고 지검으로 들어갑니다.

김계장

그… 그게 무슨 말씀이세요?

건영

이제부터 비밀 수사는 없습니다.

예진

영감님, 무슨 일 있으셨어예?

의아한 예진, 걱정스러운 눈으로 건영을 보면,
속을 알 수 없는 건영의 두 눈.

건영

우리 지검에 밀린 일 많잖아요. 본분에
충실할 겁니다. 이제.

12. 부산 중정, 기태의 사무실 / 오사카, 유지 사무실 / 밤

유지와 통화하는 기태.

유지

(통화)

장 검사 쪽은 이제 걱정 안 해도
되는 거예요?

기태

(통화)

당분간 함부로 움직이진 못할 겁니다.

유지

그래요. 암튼 납품 날짜는 꼭 지켜요.
아버진 나처럼 관대한 분은 아니거든.

기태

약속은 지킵니다.

유지

원료 수급은 어떻게 됐어요?

기태

생산 시설은 얼마든지 늘릴 수 있는데
원료 수급이 문젭니다.
대만 쪽 공급처 뚫기도 만만치가 않구요.

유지

안 그래도 그 얘기 하려고 전화했어요.
내가 제시한 물량 맞추려면
안정적인 원료 수급처부터 뚫는 게
우선이니까.
다음 주에 나랑 해외 출장 좀 가죠.
사이공에서 만날 사람이 있어요.

13. 사이공, 시가지 / 오후

(자막)

베트남 사이공

작열하는 태양… 후덥지근한 열기가 느껴지
는데…
털털대는 엔진 소리가 요란한 군용 지프가 꽉
막힌 사이공 시가지를 지나고 있다.

김중사

왜 안 가? 아휴, 뭐 하는 거야.
이 집 망고 주스 맛이 기가 막혀요.
잠깐만 계세요.

김중사

(베트남어)

사장님, 망고 주스 두 개.

사고로 인해 움직이지 않는 차량들. 지프를
세우고 차에서 내리는 김 중사.
유창한 베트남말로 길거리 주스 노점상에게
주문한다.
차에서 내려 담배를 무는 기현. 그새 얼굴이
검게 그을렸다.
날카롭고 메마른 눈빛이 더 도드라져 보이는
기현. 다가와 주스를 건네는 김 중사.

김중사

얘기 들었어요? 며칠 전에 나짱에서 난리
났었다는데.

기현

무슨 일인데요?

김중사

본국에서 감찰이 왔는데 부대를 한바탕
뒤집은 모양이에요.
아니, 그 미군들이랑 보급품 해먹다
걸린 윤 대위님 알죠?

278

귀국 명령 떨어졌답니다.

기현

어떻게 그런 걸 다 아십니까?

김중사

아이고, 월남 넘어온 지 2년이
넘어갑니다.
이 베트공 놈들이랑 호형호제할
판이에요.

14. 주월 한국군 사령부 앞 / 오후

지프에서 내린 기현과 김 중사.

병사

소대장님! 충성! 중대장님께서 급히
찾으십니다. 서울에서 누가 오셨다고.

김중사

서울? 누군데?

15. 주월 한국군 사령부, 사무실 / 오후

사무실 안. 책상에 앉아 있는 깐깐한 인상의
원 소령,
기현의 신상이 자세히 적힌 서류를 보고 있다.
각 잡힌 군복 차림의 기현, 그 앞에 긴장한 채
서 있고…

원소령

육사 26기 수석 졸업. 일본서 태어났고
양친 모두 돌아가셨고.
형이 중정에 있다고?

기현

예. 그렇습니다.

원소령

아, 덥다 더워. 기온은 서울보다 낮은데
사람 환장하게 끈적거리네.
진짜 여기는 날씨가 맨날 이런가?

기현

우기라 더 그런 것 같습니다.

원소령

자네 말이야. 내가 서울에서 여기까지 온
이유가 뭔지 아나?

기현

…

원소령

그럼 자넬 부른 이유는?

기현

잘 모르겠습니다.

원소령

너 전에 남상욱한테 조사받았다면서.
내 얘기 뭐 들은 거 없어?

기현

딱히 들은 얘긴 없습니다.

원소령

그래? 둘이 그렇게 가깝진 않은가보네.
하긴 그 새끼 집안 좋다고 은근히
모가지만 빳빳하고,
딴 데로 쫓아내길 잘했지.

기현

…!

원소령

왜? 몰랐나? 그 새끼 보안사에서
방 뺐는데.
암튼 넌 고생깨나 해본 놈 같고,
남상욱이보단 철이 좀 들었겠네.
형만 한 아우가 있는지 없는지는 두고
봐야겠지만.

기현

죄송합니다만, 무슨 말씀이신지…

원소령

나랑 일 하나 같이 하잔 소리야.
왜? 진급하기 싫어?

기현

아닙니다.

원소령

어차피 여기 오는 새끼들 대가리 속에
진급 생각밖에 없잖아.
너도 그러려고 월남까지 와서 뺑이 치는
거 아니야?
내일부터 나와, 책상 하나 빼줄 테니까.
며칠 감 잡아보다가 추 대령 밑으로
들어가면 돼.
29보병연대 추광섭 연대장 알지?

기현

예. 알고 있습니다.

원소령

그 양반 밑에 들어가서 일거수일투족
하나도 빠짐없이 전부 싹 다 보고해.
이번 일 잘하면 남상욱이 있던 자리,
니가 들어가게 될 거다.

16. 서울, 요정 / 밤

연회실 안으로 들어오며 나용철을 향해 깍듯
하게 인사하는 건영, 달라진 눈빛.
나용철과 마주 앉는 건영과 차장검사.

차장검사

저번에 말씀드린 장건영 검삽니다.

빨리 와서 한잔 따라드려.

건영

장건영입니다. 실장님께 한잔
올리겠습니다.

나용철

그 고초를 겪고도 기세가 꺾이질 않고,
우리 장 검산 보기 드문 애국자시구만.

건영

실장님께서 검찰에 힘을 실어주시면,
백기태 뒤에 천석중 실장이 있다는
확실한 증거를 가져오겠습니다.

나용철

섣부르게 덤볐다간 저번처럼 역풍 맞기
십상일 텐데.

건영

제가 이번에 중정에 들어가서 한 가지
배운 게 있습니다.
천 실장을 잡을 증거는 백기태가 직접
가져올 겁니다.

나용철

어떻게 말인가?

건영

일단 백기태를 잡아넣고,

둘 사이를 갈라놔야죠.
천 실장은 일이 터지면, 꼬리부터
자를 인간입니다.
그걸 잘 아는 백기태는 어떻게든
지가 살려고 발버둥 칠 겁니다.

나용철

자중지란.

건영

기회를 주시면 반드시 잡겠습니다.

나용철

앞에선 숙여도 애초에 누구한테
굽힐 성정이 아니구만.

차장검사

천 실장 잡는 칼로 쓰시긴
나쁘지 않을 겁니다.

신고 있던 구두 한 짝을 벗어 건영에게 건네는
나용철.
머뭇거리다 신발을 받아 드는 건영.
나용철이 구두 가득 술을 따르면, 건영이 받아
넙죽 들이킨다.

17. 부산 어딘가 / 오후

표 과장과 은밀히 접선하는 건영.

표과장

오셨어요?

건영

그, 용건이 뭐요? 보자고 한 이유.

표과장

검사님이랑 친하게 지내고 싶어가지고.

건영

배를 갈아타시겠다? 뭐 하긴, 이대로
가다가는 백기태한테 밀려서
황 국장 자리는 백기태가 앉겠죠.
표 과장이 아니라.

표과장

그러게요. 솔직하게 우리끼리, 각하께서
요새 천 실장 밀어내는 눈치고…
그럼, 순리대로 가는 게… 나 실장이랑
식사 잘 하셨어요?

건영

나 실장한테도 관심이 많네. 표 과장이.
어떻게 알았어요?

표과장

중정에서 10년 넘게 일하다 보면은
다 압니다.
제가 뭘 도와드릴까요?

건영

백기태가 천 실장한테 돈을 그냥 갖다
바쳤을까?

표과장

그럼요?

건영

백기태한테는 천 실장 녹취 테이프가
있어요. 그거 나한테 가져와요.
그러면 황 국장 자리에 표 과장이 앉는
거지. 백기태가 아니라.
어때요? 괜찮아요?

표과장

(씩 웃으며)

좋네요.

18. 부산 중정, 기태의 사무실 / 오전

녹음테이프에 '천석중' 이름을 적는 기태.
블라인드가 쳐진 창문 너머에서 그 모습을 몰
래 지켜보는 표 과장.
잠시 후, 아무렇지 않게 기태의 사무실로 들어
간다.
자리에서 일어나며 서랍에서 여권을 꺼내 양
복 안주머니에 넣는 기태.

표과장

아니, 뭐 어디 간다고? 사이공 간다고?

기태

어.

표 과장

얼마나 걸리는데?

기태

오래 안 걸리니까 장건영 감시나 잘해.
무슨 일 있으면 바로 연락하고.

표 과장

알았어. 나 담배 한 대만 피자.

기태의 행동을 주시하며 은근슬쩍 책상 위 기
태 담배에 손을 대는 표 과장.

기태

벽에 똥칠할 때까지 산다더니
왜 다시 펴?

표 과장

살 만해져서 그런가, 생각이 나더라.

기태

오래 참는다 했다.
(라이터 건네고)
라이터. 그 담배는 너 펴.

표 과장

어, 고마워.

가방을 들고 방을 나가는 기태.

기태가 멀어지는 걸 보던 표 과장, 천천히 자
리에서 일어나 책상 서랍을 열어 뒤져본다.

19. 주월 한국군 사령부, 사무실 / 오후

국기에 대한 경례를 하는 군인들 사이,
투덜거리며 사령부 건물에서 나와 차에 올라
타는 추 대령.

추 대령

보안사? 보안사면 다야? 개새끼들.
진짜 내가 그냥, 어휴 씨발…
바쁜데 말이야. 야 가자.

차 옆에 서서 국기를 보며 부동자세로 서 있는
기현. 추 대령의 부름에도 미동이 없다.

추 대령

야, 가자고 인마. 얌마! 이 새끼 뭐 하는
거야. 지금.

스피커에서 울려퍼지는 음악이 꺼지고, 그제
야 추 대령 쪽으로 돌아보는 기현.

기현

충성!

추 대령

이 새끼 봐라, 이거. 너 대공처 이 소령

285

기현

예. 그렇습니다.

추대령

이 새끼 재주 좋네. 이 소령처럼 깐깐한
사람 눈에 다 들고.

기현

아닙니다. 모시게 돼서 영광입니다.

추대령

빨리 타, 이 새끼야.

기현

네.

운전석에 올라타는 기현. 차를 출발시킨다.
2층 난간에서 떠나는 차를 지켜보는 원 소령.

원소령(소리)

추광섭 대령. 육사 11기. 경남 합천 출생.
수도경비사령부 시절 각하의 신임을
얻었고 동기 중 가장 먼저 진급했지.
전투는 나 몰라라, 매일같이 손님에,
파티에, 보급품 무단 반출은 일도 아니고.

20. 사이공, 시가지 / 술집 / 오후

차들과 사람들이 오가는 복잡한 거리.
찌는 더위에 여기저기서 울리는 클랙슨 소리
가 요란한데…
보조석에 앉은 추 대령, 운전 중인 기현을 흘
끔댄다.
뒷좌석에 놓인 가방을 의식하는 기현.

원소령(소리)

아주 명성이 자자하신 양반이야. 근데
이번 건 사이즈가 달라.
현지 무기 밀매 업자들하고 내통하는
월남 군부 인사들이 있는데,
최근 들어 추 대령이 그들과 자주
접촉한다는 첩보가 있어.

(점프)

인력거에서 내리는 기태와 유지, 한쪽에 보이
는 술집으로 향한다.
술집으로 들어서는 기태와 유지… 유지의 시
선이 머무는 곳.
무대 위에서 춤을 추는 베트남 무희들을 관람
중인 브로커 제이슨.

유지

저기 있네요, 우릴 구원해줄 비즈니스
파트너 제이슨 창.
대만계 미국인인데,
대만산 히로뽕 원료를 밀수출하는

루트를 꽉 쥐고 있어요.
최근 몇 년간은 여기 사이공에서 헤로인
파느라 바빴지만.

21. 사이공, 시가지 / 술집 / 오후

술집에 마주 앉은 기태, 유지와 제이슨.
낮부터 취해 있는 야외 테이블의 미군들.

제이슨

(영어)

연락해줘서 기뻤어요.
사이공까지 날아올 줄 몰랐네요.
I'm glad you got in touch.
I didn't think you'd fly all the way to
Saigon.

유지

(영어)

통화할 때 말씀드린 대로 꼭 소개하고
싶은 파트너가 생겨서요.
미스터 백은 대량의 원료가 필요한
상황이에요.
당신이 도움이 될 거라고 말해줬죠.
As I mentioned on the call,
I have a partner I really want to
introduce you to.
Mr. Back is in need of a large quantity of
raw materials.
I told him you might be able to help.

제이슨

(영어)

난 한국 쪽하고 거래해본 적이 없어서.
위험 부담이 있는 초짜한테 시간
낭비하고 싶진 않아요.
Well, I've never done business with
Koreans before.
I don't want to waste my time on a
rookie and take a risk.

유지

(기태에게)

예상했던 대로네요. 당신이 초짜라
불안하대.

기태

(영어)

사이공도 많이 달라졌네. 미군들이
대놓고 마약도 하고.
이러니까 전쟁에서 지지.
Saigon has changed a lot. American
soldiers are openly doing drugs.
No wonder they lost the war.

제이슨

(영어)

월남에 있었나?
Were you in Vietnam?

기태

(영어)

65년도에 정글에 있었지.

그땐 미군들이 정의심이 좀 있었거든.

정글에서 베트콩이랑 싸우다

많이 죽었지.

우리도, 미군도, 베트콩도…

돈 많이 버셨겠네?

이제 전쟁도 막바지고, 돈 안 벌 거요?

직접 보고 결정하쇼. 보면 생각이 달

라질 테니까.

I was in the jungle in '65. Back then, the
Americans had some sense of justice.

A lot of us died fighting the Viet Congs
in the jungle.

We, the Americans, the Viet Cong…

You must have made a lot of money?

The war is coming to an end now. Aren't
you gonna make some money?

See for yourself. You'll think differently
when you see it.

그러는 사이 기현의 차가 도착한 곳은… 기태와 유지가 있는 술집 앞!

추 대령, 거만한 자세로 느릿느릿 차에서 내린다.

추대령

대기하고 있어.

기현

알겠습니다.

술집으로 들어가는 추 대령.

운전석의 기현, 원 소령의 지시를 떠올린다.

원소령(소리)

2층 맨 끝 방 추 대령이 오늘 거기서

월남 군부 인사를 만나기로 했대.

뒷자리에 있던 가방을 챙기는 기현. 술집 2층을 바라본다.

술집으로 들어온 기현이 2층 계단으로 향한다.

22. 사이공, 술집 2층 / 오후

추대령

(영어)

그래서…

Ok, so…

월남장교

(영어)

한 번 더 깔끔하게 처리 가능하지?

Can you handle it smoothly
this time again?

추대령

(영어)

네가 깔끔하면, 나도 깔끔하지.

If you're smooth, I'm smooth, too.

(점프)

2층에 도착한 기현… 조심스레 복도 맨 끝 방
을 확인하고, 그 옆방으로 들어간다.

(점프)

가방에서 도청 장비를 꺼내는 기현.
벽에 도청 장비를 갖다대고 추 대령과 월남 군
부 인사의 대화를 도청한다.

추대령

(영어)

알다시피 내가 넘기는 물건들은 전부
A급이야, 알지?

The items I deliver are all top-notch. You
know that, right?

월남장교

(영어)

베트콩들이 원하는 건 한국 무기가
아니야.
걔들은 미군이 쓰는 M16이나
중기관총이 필요해.

What the Viet Gong wants is not
Korean weapons.
They need M16 or heavy machine guns
Americans use.

추대령

(영어)

그것도 가능하지. 우리가 미군들한테
삥땅 친 게 좀 있거든.

That's also possible. There are a
few things we've skimmed from the
American soldiers.

월남장교

(영어)

좋네.

Good.

(점프)

2층으로 올라온 기태와 유지, 제이슨을 뒤따
라 복도를 걷는다.
조금 전 기현이 들어간 방을 향해 천천히 걷는
세 사람.

제이슨

(영어)

여기예요.

Come in.

(점프)

도청하던 기현, 덜컥 문고리를 잡는 소리에 재
빨리 장비를 챙겨 발코니로 몸을 숨긴다.
제이슨과 유지, 그리고 기태가 방으로 들어
온다.

제이슨

(영어)

물건 보여줘요.

Show me what you got.

기태가 히로뽕을 제이슨에게 건넨다.

(점프)

발코니에 숨어 그들을 지켜보는 기현… 형 기태를 보고 놀라는데,

(점프)

히로뽕을 테스트해보는 제이슨.

기태

(영어)

이런 거 만드는 초짜 본 적 있소?
순도 100프로.

Ever seen a rookie make something like
this? A 100% purity.

제이슨

(영어)

끝내주네.

What a beauty.

유지

(영어)

거래할 건가요?

Deal?

제이슨

(영어)

하죠.

Deal.

(점프)

마약 거래하는 형을 보며 혼란스러운 기현, 건영의 경고가 떠오른다.

(인서트)

과거. 기현의 부대 / 오전

부대로 기현을 찾아온 건영.

건영

내가 이대로 백기태 씨를 잡으면, 당신
누나는 감방 가고, 백기현 씨 당신도
군복을 벗어야 될 수도 있어요.

23. 사이공, 시가지 / 술집 / 오후

술집 앞. 제이슨과 악수를 나누고 헤어지는
기태와 유지.

제이슨

(영어)

좋은 거래였어.

It was really good.

(점프)

2층 발코니에서 불안한 눈빛으로 형 기태를
내려다보는 기현.

(점프)

제이슨이 사라지고, 기태와 유지가 인력거를
잡는다.
꽃을 담은 가방을 든 베트남 청년이 술에 취한
미군들을 지나쳐 식당 안으로 쑥 들어가고.
청년을 보고 왠지 꺼림칙한 느낌의 기태, 인력
거에 오르려 하는데…
순간, 번개같이 밖으로 튀어나오는 베트남
청년.
기태, 반사적으로 유지를 끌어당기며 악을
쓴다.

기태

숙여!!!

동시에 쾅! 콰쾅!!! 엄청난 폭음과 함께 입구가
통째로 날아가는 술집!
피투성이가 된 미군들, 비명을 지르며 도망치
는 현지인들로 거리는 아수라장이다.
헉헉… 흙먼지를 뒤집어쓴 기태와 유지… 가쁜
숨을 몰아쉬며 힘겹게 몸을 일으킨다.
흙먼지를 뒤집어쓴 기현이 술집에서 나온다.
기현을 발견하고 놀라는 기태.

유지

괜찮아요?

기태

(기현 보고)

니가 왜 여기 있어?!

얼굴에 피를 흘리는 기현의 모습에, 놀라 다가
가는 기태.

기태

야, 얼굴 왜 그래.

그 순간 술집에서 뛰쳐나온 추 대령이 소리
친다.

추대령

야! 가자! 야! 백 소위! 출발해 인마! 뭐
해, 이 새끼야!!

기태의 손길을 피하며, 추 대령을 차에 태우고
황급히 떠나는 기현.
그런 기현의 뒷모습을 망연히 쳐다보는 기태.

24. 부산, 거리 / 버스 정류장 / 밤

비 오는 버스 정류장 앞. 차 안에 앉아 라디
오 뉴스를 들으며 어딘가를 주시하는 건영과
예진.

앵커(소리)

내일 오후 2시 박 대통령의 선거
유세가 예정된 부산 유세장에는

이른 아침부터 많은 인파가 모여들
것으로 보입니다.
한편, 박 대통령은 유세를 마치고
저녁에는 해운대 극동호텔에서
청와대 인사들과 지역 기업인들을
초청해 만찬회를 가질 예정…

라디오를 끄는 건영.

예진

내일 각하가 부산에 오시면 천석중
경호실장도 따라오겠지예.

건영

그렇겠죠. 그때가 우리에게 주어진
기휩니다.
천 실장이 서울에 없을 때, 우리는 그때를
노려야 돼요.

(점프)

버스 정류장에 서서 불안한 눈으로 주위를 오
가는 행인들을 살피는 모습의 소영.
손에 든 작은 가죽 가방을 껴안다시피 하며,
도착한 버스에 오른다.
소영을 따라 버스에 타는 수사관들의 모습이
보이고, 출발하는 버스를 뒤쫓는 건영의 차.

25. 부산, 거리 / 골목 / 밤

우산도 없이 쏟아지는 비를 고스란히 맞으며

걸어가는 남자, 대일이다.
골목 곳곳에 잠복해 있는 건영과 수사관들, 그
런 대일을 주시하고,
기다리던 소영과 만나는 대일.

대일

소영 씨.

소영

대일 씨, 비가 이렇게 오는데 우산도
없이…

대일

내가 시킨 건, 가왔습니까?

소영

오빠한테 들킬까봐 많이는 못 빼 왔어요,
미안해요.
부산 바닥에 물건 풀린 거 알면
우리 오빠가 가만 안 있을 텐데,
괜찮겠어요?
내가 돈은 어떻게든 마련해볼 테니까
쫌만 기다려봐요.

소영의 손에서 가방을 홱 빼앗아 드는 대일,
가방 안을 확인한다.
그런 대일의 손을 걱정스레 꼭 붙드는 소영.

대일

더는 신경 쓰지 마이소. 저는 이거면

됩니다.

소영

어떻게 신경을 안 써요.
오빠도 대일 씨도 대체 무슨 일인지
나한테 말도 안 해주고!

대일

신경 쓰지 말라고! 나중에… 나중에
보입시다.

소영

대일 씨…

괴로운 얼굴의 대일, 소영을 뒤로하고 잽싸게
골목을 나서는데…
그런 대일의 앞을 불쑥 막아서는 예진과 수사
관들.

소영

(예진 보며)

순영아…!

곧장 반대편으로 도망치려는 대일.
하지만 수사관들이 어느새 골목을 앞뒤로 에
워싼다.
예진이 소영의 손목에 수갑을 채우고, 대일은
수사관들과 몸싸움을 벌이며 발악한다.

건영

대일아! 좋게 가자!

엎어치기 한판으로 대일을 제압하는 건영.

26. 부산지검, 취조실1 / 밤

대일을 취조 중인 건영. 책상 위에는 히로뽕
봉지가 올려져 있다.
화가 난 건영, 대일에게 일방적으로 구타를
한다.

건영

강대일, 야! 강대일! 너 이 새끼야,
대가리가! 이 새끼가 피해?!
너 대가리가 나쁜 거야? 아니면 물로
보는 거야, 이 새끼야? 어?
이 새끼가 좆같이 날 엿 먹이고 백소영을
만나러 오네, 응?

대일

어차피 영감님, 이제 아무것도
못 하지 않습니까?
마약 수사반도 다 해체되고
다 끝난 거 아인교?

건영

너 이 새끼 너. 넌 감방 들어가서
평생 썩을 줄 알아, 이 개새끼야.
너 내가 얘기했지? 니가 살길은

297

하나라고, 응?

대일

영감님이 뭘 몰라서 그랍니다.
기태 행님 배신하면 지 진짜로 죽습니더.

건영

그러니까 백기태! 새끼야! 백기태!!
니 손으로 잡아넣으라고 새끼야!
야! 강대일! 너 형량 줄이고 싶으면
잘 들어!
백기태가 시켰다고 싹 다 자백해. 응?
알았지?
이 새끼 지금 어디 보는 거야 이거?

불안하게 흔들리는 대일의 눈, 시선이 자꾸만
책상 위에 놓인 히로뽕 봉지로 향한다.
야위고 퀭한 대일의 몰골을 살펴보던 건영,
히로뽕 봉지를 들어 대일의 눈앞에 흔들어보
다 소매를 걷으면…
대일의 팔뚝을 뒤덮은 주사 자국!

건영

이 새끼 이거, 뽕밭에서 놀았다고
뽕쟁이가 됐네, 이거…

27. 부산지검, 취조실2 / 밤

마주 앉은 소영과 예진.

예진

몇 번을 말합니까. 백소영 씨가 관리하던
백기태 거래 장부 어딨냐고예.

소영

아까부터 무슨 말 하는지 하나도
모르겠네.
알잖아요, 우리 큰오빠 공무원이에요.

예진

아… 그럼 이 뽕은 백소영 씨 혼자
다 구한 거겠네예.
진짜로 혼자 다 뒤집어쓸라고 이랍니까?
지네 동생까지 끌어들여가 범죄자 만든
인간 뭐가 이쁘다고예.

소영

…담배 한 대 태울 수 있을까요?

수사관에게 받은 담배를 건네는 예진. 불을
붙여준다.

소영

순영? 아… 오예진 씨. 그때 오빠들
있다고 그랬잖아요? 진짜 있어요?

예진

동생만 둘 있십니다.

소영

그럼, 그쪽도 잘 알겠네. 나는요,
울 오빠가 불쌍해요.
부모님 일찍 돌아가시고 우리 둘 먹이고
입히고 학교 보내느라
울 오빠가 얼마나 고생했는지 알아?
근데 나 살자고 우리 오빠를
팔아넘기라고?
내가 죽으면 죽었지…

28. 부산지검, 복도 / 밤

취조실로 향하는 복도를 걸어오는 김 계장.
복도로 나온 예진, 김 계장과 만난다.

김계장

어떻게 됐어?

예진

백소영이는 눈 하나 꿈뻑 안 합니다.
지네 오빠 말이라 카믄 지옥불이라도
뛰어들 판이라예.

김계장

그나마 다행이네. 둘 중에 하난 건져서.

예진

응? 뭐가예?

김계장

강대일이가 자백했어.

예진

참말입니까!

김계장

어.

29. 부산지검, 취조실1 / 밤

대일(소리)

전부 다 기태 행님이 시킨 깁니다.
백기태가 먼저 제안한 깁니더.
히로뽕 사업을 본격적으로 키워보자고…
이케다라고 만재 행님 살아 계실 때…

녹음기에서 흘러나오는 대일의 목소리.
건영 앞에서 고개를 푹 숙인 채 떨고 있는 대
일, 떨리는 손으로 정지 버튼을 눌러 끈다.

대일

소영 씨는 뭔지 모릅니다. 제가 그냥
갖다달라고 하니까 그냥…
그냥 갖다준 깁니다. 진짭니다. 영감님.
소영 씨는 진짜 아무것도 모릅니다. 예?
약속하이소. 소영 씨는 진짜 아무것도
모릅니다. 아무 상관도 없구예.

애원하는 대일의 손을 잡아떼고는 진정시키

299

는 건영.

건영

대일아. 대일아, 알았어.

대일

약… 약속하세요, 약속.

건영

자! 알았으니까 진정하고. 너 아주
잘하고 있어, 응? 나만 믿어.

대일

예.

건영

또박또박. 천천히 처음부터 끝까지 다시
한번 말하는 거야. 시작!

버튼을 눌러 녹음을 다시 시작하는 건영.

대일

전부 다 기태 행님이 시킨 깁니다.
백기태가 먼저 제안한 깁니더…
히로뽕 사업을 본격적으로 함
키워보자고…

30. 부산 중정, 사무실 /

외부 계단 / 오후

중정 사무실로 밀고 들어오는 경찰기동대. 사
무실 앞길을 막아선 중정 요원들.

중정요원

니들 뭐야? 깡패야?

경찰기동대를 밀치고 들어오며 중정 요원 앞
에 영장을 들이미는 건영.

건영

잠시만요. 자! 자! 존경하는 중정 요원
여러분, 부산지검 공무 집행에 협조
요청드립니다.

중정요원

압수수색 영장? 지랄하고 계시네요.

건영

네, 지랄 좀 하겠습니다. 밀어!!

막아선 중정 요원들을 힘으로 밀고 들어가는
경찰기동대.
막힌 길이 뚫리고 중정 요원들과 몸싸움을 벌
인다.
중정은 여기저기 창이 깨지고 아수라장이 되
어가는데…

(점프)

기태의 사무실 문을 사이에 두고 대치하는 이
주임과 건영.

건영

문 열어!

건영을 향해 총을 겨눈 이 주임.

건영

공무원끼리 총 겨누고 그러는 거 아니야.

사무실로 밀고 들어가는 건영, 이 주임을 제압
하고 기태의 사무실을 차지한다.

(점프)

그 시각, 비상문을 열고 외부 계단을 뛰어 내
려가는 표 과장.

표과장

아, 씨발 뭐가 어떻게 돌아가는 거야,
씨발! 아, 씨발!

(점프)

건영, 경찰기동대에 제압당하는 중정 요원들
을 보며,

건영

난리다, 난리… 아휴.

31. 김포공항 / 오후

입국장 로비에 묘한 긴장이 흐르고…
기태가 다른 승객들과 섞여 입국장 게이트 밖
으로 나오는데,
우르르 다가와 기태를 에워싸는 검찰 수사관
들. 기태의 가방을 뺏어 든다.

기태

뭐야!

건영

백기태 씨!

수사관들 사이로 걸어 나오는 건영, 체포 영장
을 들이민다.

건영

같이 갑시다.

기태

뭐 하자는 수작입니까?

건영

애국. 나도 애국하는 겁니다. 수갑 채워.

수사관들

예.

두 사람의 눈빛이 허공에서 매섭게 맞부딪

301

친다.

수사관들에게 이끌려 공항을 나가는 기태.

32. 부산, 유세장 / 오후

지지자들이 손에 든 태극기와 피켓을 열렬히
흔들어대는 가운데, 대통령 연설이 시작된다.
연단 위 경호실장 천석중이 주위를 살피고 있고,
그 옆으로 나용철을 비롯한 대통령의 측근들
이 앉아 있다.

각하
친애하는 부산 시민 여러분,
제5대와 제6대 대통령 선거에서
성원해주신 덕택으로 두 번이나
대통령에 당선이 되었습니다.
나는 여러분들의 이러한 성원에 대하여
항상 감사히 생각을 해왔고, 어떻게
하면 여러분들의 기대에 어긋나지 않게
보답할 수 있을까 하는 것을 언제나
마음속으로 생각하고 있었다는 것을
이 자리에서 여러분들께 말씀드리는
바입니다…

그때 다급히 천석중에게 다가오는 수행원, 귓
속말을 속삭인다.

수행원
실장님, 검찰에서 중정 백 과장을 연행해
갔다고 합니다.

얼굴에 충격과 낭패감이 교차하는 천석중. 대
통령 연설 중이라 자리를 비울 수 없는데…
나용철의 비서가 보고하는 것이 보인다.

비서
방금 연락 왔는데, 천 실장 집무실도
다 뚫렸답니다.

나용철
어쭙잖게 머뭇대지 말고,
세게 나가라고 전해.
이참에 청와대에서 남산 출신들 한번
싹 쓸어내야지.

구겨지는 천석중의 얼굴을 보며 비릿한 미소
를 짓는 나용철.
이 모든 게 대통령의 재가 없이는 불가능한 일
임을 통감하는 천석중.

33. 부산지검, 취조실3 / 밤

기태가 구금된 취조실로 들어오는 건영.

건영
잠깐 나가 있지.

수사관
예.

건영

담배 한 대 피고.

건영이 취조실 안으로 들어가자, 문을 닫고 나
가는 수사관.
건영과 기태 둘만 남은 취조실. 이전과는 완
전히 역전된 상황이다.
테이블 위에 놓인 녹음기 버튼을 툭, 누르는
건영.

대일(소리)

전부 다 기태 행님이 시킨 깁니다.
백기태가 먼저 제안을 한 깁니다.
히로뽕 사업을 본격적으로 키워보자고.
만재 행님 살아 계실 때 거래하려고 했던
야쿠자 조직인데, 백기태가 그 이케다
유지라는 여자랑 거래를 텄심더.

기태, 녹음기에서 흘러나오는 대일의 목소리
를 묵묵히 듣고만 있다.

건영

대일이가 백소영이를 많이 아끼던데?
이 새끼가 사랑꾼이었어. 덕분에 잘
풀렸고.

34. 부산지검, 취조실1 / 밤

대일의 취조실로 들어서는 예진과 김 계장.
예진이 대일의 수갑을 풀어주는 사이, 테이블

위에 서류철을 턱 올려놓는 김 계장.

예진

자, 강대일 씨. 백기태 관련해가지고
지금까지 얘기했던 거,
싹 다 여 적으이소. 뭐 한 개도 빼먹지
말고.

35. 부산지검, 취조실3 / 밤

기태 앞에 히로뽕 봉지를 내놓는 건영.

건영

백소영이가 유통시키던 뽕들이야.
강대일이하고. 이거 양이 엄청나.
그걸 우리가 검거했고.
백소영하고 강대일이 백 과장 몰래 뽕을
빼돌리고 있었던 거야.
감이 와요? 어떤 상황인지?

기태

날 처넣으면 누가 영감님 출세라도
시켜준답니까.
뭘 바라고 이러는 거예요?

건영

백 과장 너 같은 놈들, 이 세상에서
없애버리는 거.

기태

세상을 바꿔보겠다? 뭐 그런 겁니까?
나 하나 없어진다고 뭐, 세상이
바뀌어요?

건영

음… 천 실장한테 돈 건넬 때
녹취한 거 있지.
그거 나한테 넘겨. 안 그러면
빵 가는 거야.
오빠하고 동생 둘 다! 천 실장이
당신 지켜줄 거 같아요? 응?

36. 연회장 / 밤

유세가 끝난 뒤, 고위 관료들이 모두 모인 연
회장.
대통령과 독대하며 은밀히 보고를 올리는 나
용철.
멀리서 그 모습을 지켜보던 천석중이 초조하
게 담배를 입에 문다.

나용철

각하께 누가 되지 않게 제 선에서
잘 정리하겠습니다.

대통령이 나용철의 어깨에 격려하듯 손을 올
리고…
허리를 굽혀 꾸벅 인사하는 나용철. 이를 본
천석중의 얼굴이 점점 찌푸려진다.

그때, 천석중에게 다가오는 비서.

천석중

우예 됐노?

비서

백기태가 부산지검에서 조사를 받고
있는데, 상황이 안 좋습니다.

천석중

표 과장은?

비서

연락이 안 됩니다.

37. 부산지검, 취조실3 / 밤

건영

그 양반한테 당신은 잠깐 쓰다 버릴
놈이라는 거 누구보다 당신이 잘 알잖아.
어딨어요? 천 실장 테잎.

기태

그런 게 있다면 벌써 갖고 계시겠네.
집이며 사무실이며, 이미 다 검찰에서
들쑤셔놨던데.

건영

(냉소)

백 과장님, 표 과장 믿어요?

38. 부산 중정, 복도 /
기태의 사무실 / 밤

압수수색으로 쑥대밭이 된 중정.

텅 빈 복도를 걸어가는 표 과장의 손에 들려

있는 빠루.

엉망이 돼 있는 기태의 사무실로 들어가는 표

과장,

기태의 서랍을 뒤지다 숨겨진 공간을 발견하

고는 힘으로 부숴버린다.

각종 파일과 녹취 테이프를 발견하고 비릿하

게 웃는 표 과장.

39. 부산지검, 취조실3 / 밤

건영

볼만하겠네. 천 실장이 녹취 테잎이 있단

걸 알게 되면, 어떻게 될까?

백 과장도 여기까지 왔는데. 끝을 봐야죠.

40. 부산 중정, 복도 / 기태의 사무실 /
밤

녹음기에 천석중 이름이 적힌 테이프를 넣고

틀어보는 표 과장.

의아한 표정이다가, 이내 웃음을 터트린다.

41. 부산지검, 취조실3 / 밤

태연하게 시간을 확인하는 기태. 그런 기태를

내려다보는 건영.

기태

개미굴이라고 들어봤어요?

베트공이 미군의 폭격을 피하기 위해서

만든 땅굴인데,

그게 겨우 사람 하나 들어갈 크기라서

어휴… 숨 쉬기도 힘들고.

건영

지금 뭔 소리 하는 거야?

기태

그렇게 긴 얘기 아니니까

잠깐 들어보시죠.

누구한테도 안 한 얘기거든.

내가 특별히 영감님한테만 해드리는

겁니다.

42. 과거. 베트남 개미굴 / 오후

기태가 중대원들과 함께 미로 같은 개미굴을

정찰한다.

어둠 속에 앞도 잘 보이지 않는데…

기태(소리)

우리 중대는 베트공의 소굴을 찾는

임무를 받고 투입됐어요.

그 개미굴은 미로처럼 복잡했는데,

앞도 잘 보이지 않고 어디서 총알이

307

제6화 메이드 인 코리아

날아올지도 모르고…
공포심이 엄습을 하는데, 믿을 건
전우들밖에 없었죠.
그냥 전우를 따라 앞으로 갈 수밖에.

눈앞에 나타나는 베트콩을 사살하며 전진하
는 기태의 중대… 무전이 들어온다.

무전병

중대장님 무전 왔습니다.

대대장(소리)

어떻게 됐나?

기태

(무전)

베트공 소굴 맞습니다.

대대장(소리)

계속 수색하고… 수시로 보고해.

기태

(무전)

대대장님! 대대장님!

상사

중대장님! 베트공 소굴도 확인됐는데,
그만 철수하시죠?

43. 부산지검, 취조실3 / 밤

기태

대원들은 철수를 하자고 했지만,
난 그럴 수가 없었어요. 왜?
난 명령에 따르는 군인이니까.
중대원들을 데리고 더 깊숙이 지옥으로
들어갔습니다.

44. 과거. 베트남 개미굴 / 오후

기태가 중대원들과 함께 더 깊숙이 들어가는
데… 쾅!!! 갑자기 폭격이 일어난다.
처참하게 죽어나가는 기태의 중대원들. 이곳
저곳에서 비명 소리가 쏟아진다.

45. 부산지검, 취조실3 / 밤

과거의 일을 회상하며 점점 격양되는 기태의
목소리.

기태

쾅 쾅… 쾅… 쾅… 미군의 폭격이었어요.
베트공의 소굴이 확인되자마자, 바로
폭격을 한 거죠.
우리가 죽든, 살든, 지들은 상관이 없는
거지 뭐…
어차피 내 역할은 누군가의 출세를 위한
총알받이였으니까.
운이 좋게 난 겨우겨우 살아서 그

개미굴을 빠져나왔습니다.
그리고 대대장을 찾아가서 면상에
주먹부터 날렸어요.
그 새끼 진짜 죽여버리고 싶었거든.
근데 그거 아세요? 난 중대원들의 죽음에
책임을 지고 옷을 벗었고,
그 새끼는 2계급 특진, 별을 달았고…

어느새 침착해진 기태의 표정, 건영을 똑바로
쏘아본다.

기태

난 돈을 주고 사든, 총을 들고 뺏든,
힘 있는 놈이 결국 세상을 바꾼다고
믿습니다.
맨날 정의, 정의, 외쳐봐야 힘없으면
그저 개돼지 취급이니까.

46. 부산지검, 취조실1 / 밤

조사실 안에 홀로 남은 대일. 펜을 들고 테이
블 위에 놓인 서류철을 연다.
순간 뭔가를 발견하고 흠칫 놀라는 대일.
서류철 안 히로뽕 용액이 담긴 주사기가 자백
진술서와 같이 놓여 있다.
놀라 서류철을 급하게 닫는 대일, 온몸이 덜덜
떨리기 시작한다.

47. 부산지검, 취조실3 / 밤

점점 격앙되는 건영의 목소리.

건영

그러니까, 미쳐 돌아가는 세상이니까
뽕 팔아서 돈이나 벌자?

(이를 악물고)

웃기지 마, 이 새끼야. 같잖은
핑계 역겨우니까.
인간은 누구나 살면서 지 꼴리는 대로
선택이라는 걸 하게 돼 있어.
그 와중에 너는 뽕쟁이 살인자를
선택한 거고.

기태

당신이랑 나랑 가장 다른 게 뭔 줄 알아?
난 내가 한 선택을 책임질 힘이 있거든.

팽팽하게 맞서는 두 사람의 눈빛.

48. 부산지검, 취조실1 / 밤

불안감과 두려움에 몸부림치는 대일. 떨리는
손으로 주사기를 집어 든다.

49. 부산지검, 취조실3 / 밤

기태

그리고 뭘 잘못 아는 거 같은데,

천 실장은 그런 테잎이 있든 말든
크게 신경 안 쓸 겁니다.
자기한테 이득이 된다 싶음 그걸로
끝인 사람이에요.
천 실장한테 힘이 있거든.

건영

니가 그렇게 버텨봐야 그 테이프는
내 손안에 들어오게 돼 있어.

기태

검사님은 아직도 사람을 믿나보네…
표 과장 믿어요?

이제는 완전히 달라진 기태의 눈빛, 느긋하게
의자에 등을 기댄다.

50. 연회장 / 밤

널찍한 연회장 안. 천석중 주변에는 어느새
아무도 없다.
나용철 주변에 몰려 있는 연회장 안 사람들.
그때, 표 과장이 빠른 걸음으로 연회장 안에
들어선다.
나용철 실장을 비롯한 관료들 무리 쪽으로 슬
쩍 시선을 던지는 표 과장.
이내 발걸음을 돌려 천석중에게 향하더니 꾸
벅 인사를 하며 귓속말을 건넨다.

표과장

직접 들어보셔야 할 것 같습니다.

재킷 안쪽에서 뭔가를 꺼내 건네는 표 과장.
천석중이 받아 들면, 기태 서랍에 들어 있던
녹취 테이프!
연회장을 빠르게 빠져나가는 천석중과 표 과
장을 지켜보는 나용철.

51. 교차: 부산지검, 취조실3 / 취조실1 / 밤

기태

진짜 궁금한 게 있는데, 왜 이렇게까지
일을 열심히 해요?
혹시 아버지 때문에?

여유롭게 웃던 건영의 표정이 순식간에 식
는다.

기태

아버지 뽕쟁이였다매. 엄마도 죽이고.

앉아 있는 기태의 가슴팍을 퍽 차버리는
건영.
의자째로 뒤로 나가떨어져 구르는 기태, 덤벼
드는 건영을 밀치며 멱살을 잡는다!

기태

넌 날 절대로 못 이겨. 왜냐고?

넌 세상을 바꿀 수 있다고 생각하는
어리석은 개돼지거든!

(점프)

그 시각, 팔에 주사기를 꽂아넣는 대일. 점점
약에 취해간다.

(점프)

건영과 기태의 난투극이 벌어진다.

(점프)

약에 취한 대일, 집기들을 집어던지며 몸부림
을 친다.

52. 연회장, 내실 / 밤

표 과장에게 건네받은 녹취 테이프가 돌아가
는 가운데, 나용철의 목소리가 흘러나온다!
천석중과 단둘이 내실에 있는 나용철.

나용철(소리)

성의는 내 잘 받았수다. 액수가
꽤 되던데.
하여간 박 회장만큼 내 수고를
알아주는 사람이 없어요.
태종그룹 김 회장한테도 아무 염려
말라고 좀 전해주시고…

이내 쾅! 바닥에 내던져지는 카세트 플레
이어.

얼굴이 터질 듯 붉어진 나용철이 분노에 부들
부들 떤다.

나용철

감히 나를 도청해? 어디서 수작질이야!

천석중

성완건설 박 회장. 태종그룹 김 회장.
거, 다 선거 앞두고 각하께서 각별하이
챙기던 데들 아입니까?
하튼 배짱도 좋아라.

나용철

각하가 니놈 말을 믿으실 거 같아?
넌 이미 끝났어.
이번 압수수색도 각하께서 다 재가하신
일이라고.

천석중

우리 나 실장님. 아직도 각하를
잘 모르시네.
각하께서 당신이나 내같이 키우는
개들한테 보기보단 정이 없으신
분입니다.
자기 밥그릇만 안 건드리면 그게
세퍼드건 똥개새끼건, 꼬리만 잘 흔들면
된다, 이 말입니다.

천석중, 넘볼 수 없는 위압감을 내뿜으며 나용
철을 쏘아본다.

천석중

근데 우리 나 실장님은 바로 그
밥그릇에 손을 대뿟네.
중정에 저런 테이프가 얼마나
더 있으려나.

나용철

너 이 새끼…!

천석중

마, 니는 좆돼쓰.

53. 교차: 부산지검, 취조실1 /
취조실3 / 밤

점점 더 약에 취해가는 대일.
취조실 유리에 반사된 자신의 모습이 악마처
럼 보이기 시작하고, 두려움에 악을 쓴다.

(점프)

기태에게 달려드는 건영. 건영의 주먹을 피하
며 반격하는 기태.
엉겨 붙어 바닥을 구르는 두 사람.

(점프)

급기야 조사실 창을 향해 달려드는 대일.
쾅!! 유리창을 박살내고 처박힌다.

(점프)

기태의 반격에 속수무책으로 얻어맞는 건영.

쿵! 건영을 집어던지는 기태.

기태

내가 모를 거 같았나? 나 없는 사이에
니가 무슨 짓을 할지.

(인서트)

과거. 차 안 / 늦은 오후

기태에게 사진을 건네는 김 계장!
건영이 나용철과 만나는 사진과, 건영이 표 과
장과 접선하는 사진이다.

김계장

장건영 검사가 나용철 비서실장을
만났습니다.
표학수 과장도 만났구요.
표학수가 장건영 쪽에 붙은 것 같습니다.
그리고 지금 장건영이 강대일 찾고
있습니다.

기태

이 새끼 봐라…

(점프)

다시 취조실3.

기태

이제 감이 좀 오나?

기태에게 당했음을 깨달은 건영.

(점프)

쾅! 조사실 문을 박차고 들어오는 예진과 김 계장.

이미 숨이 끊겨 축 늘어져 있는 대일을 보고는 당혹스러운 표정을 짓는다.

김계장

뭐야, 야야! 구급차! 야 빨리! 빨리! 구급차!

예진

여기 구급차 좀 불러주이소! 빨리예!!

예진이 바깥에 도움을 청하는 동안,
눈치를 슬쩍 살피더니, 바닥에 떨어진 주사기를 챙기고 대일의 주머니에 재빨리 유서를 꽂아 넣는 김 계장.

(점프)

기태를 향해 주먹을 날리는 건영.
여유롭게 피하며 반격하는 기태, 건영의 목을 조르기 시작한다.

기태

난 내 힘으로 살아남을 겁니다. 너처럼 쓰다 버려지는 게 아니라.

점차 힘이 빠지며 축 늘어지는 건영.

동시에 벌컥! 취조실 문이 열리고 우르르 들이닥치는 감찰팀과 중정 요원들.

건영을 풀어주고 중정 요원들에게 다가가는 기태.

중정 요원들이 기태의 수갑을 풀어주는 한편, 감찰팀이 들어와 건영을 붙잡고 제압한다.

감찰팀과 중정 요원들의 호위 아래, 당당히 취조실을 나서는 기태.

건영

백기태! 백기태!! 이씨 너 일로 와!! 이 새끼!! 백기태!!!!

감찰

장건영 검사님, 당신을 뇌물수수죄로 체포합니다.

건영

뭐?

건영이 움직이지 못하게 손목에 채워진 수갑 한쪽을 철창에 채우는 감찰팀.

건영을 뒤로하고 점차 멀어지는 기태의 뒷모습.

54. 부산지검 앞 / 밤

풀려난 기태가 지검에서 걸어 나오면, 기다리고 있던 표 과장이 기태 앞으로 다가온다.

기태에게 담배를 건네는 표 과장. 담뱃불을

313

붙이면, 후~ 담배 연기를 내뿜는 기태.

표과장

언제 안 거야? 내가 장건영한테 붙은 거?

기태

너 장건영한테 붙은 거, 그 천석중이 알면
뭐라 그럴까?

표과장

협박… 뭐, 그런 거야?

피식 여유로운 웃음을 터트리는 기태.

표과장

여우 같은 새끼, 어? 날 미끼로 장건영
잡을 생각을 해?

표 과장의 어깨를 힘주어 꾹꾹 누르는 기태.

기태

표 과장아, 앞으로 잘해라. 이쪽저쪽
왔다 갔다 하지 말고.
사람 헷갈린다. 어?

줄지어 부산지검을 빠져나가는 차들.

55. 몽타주: 사라진 자들

취조실 안 수갑에 묶인 채, 아무것도 할 수 없

는 건영… 흔들리는 눈빛.

건영(NA)

그래. 이게 결국 백기태의 선택이지.

(점프)

비 오는 새벽 거리. 조간신문을 배달하는 트럭.
신문1면에 건영의 기사가 실려 있다.
'히로뽕 密造團(밀조단) 背後(배후) 비호세력
수사, 現職(현직) 검사 입건'.
기태의 이름과 중정 관련 내용은 어디에도
없다.

건영(NA)

**하지만 방아쇠를 당긴 자들은 그 한 발의
무게를 결코, 감당하려 하지 않는다.**

앵커(소리)

최근 부산에서 대규모 히로뽕 밀조단
일당을 검거, 배후 관계를 수사 중인
검찰은 이들이 마약 수사반 소속
현직 검사의 비호를 받아온 정황을
포착했습니다.

(점프)

차장검사의 책상 위에 놓여 있는 대일의 유서.
건영이 뒷돈을 받고 자신의 마약 사업을 봐줬
다는 내용이다.
뉴스를 보던 차장검사, 수화기로 손을 가져
가고…

앵커(소리)

이에 관련자에 대한 집중 수사에
나섰으며 그간 불법으로 히로뽕을 제조,
일본에 유통해온 주범 강 씨는
어젯밤 검찰 수사를 받던 도중 감시가
허술해진 틈을 타 스스로 목숨을 끊은
것으로 알려졌습니다.
사망 직전 강 씨가 남긴 유서를 통해
부산지검 마약 수사반 장건영 검사가
뒷돈을 받고 강 씨의 불법 행위를
묵인했다는 사실이 밝혀지며
검찰 내부는 큰 충격에 빠진 것으로
알려졌습니다.

건영(NA)

**죽은 이들은 말이 없고, 그다음은
남은 자들의 몫이다.**

차장검사

예, 실장님.

(점프)

청와대. 집무실에서 차장검사와 통화 중인 나
용철.

나용철

장 검사 정리해. 칼이 부러졌으면
버려야지.

차장검사

예… 알겠습니다.

(점프)

나용철과의 전화를 끊는 차장검사. 분노에 차
화분을 집어던진다.

(점프)

부산지검 마약 수사반. 수사반 안을 뒤지는
감찰반들.
건영의 캐비닛 안 돈다발이 가득 담긴 검정 비
닐봉지가 발견된다.

(점프)

염색 공장 안과 휴게실. 문을 박차고 들어오
는 중정 요원들.
혜은과 여공들을 몰아넣고 폭력을 행사한다.
두려움에 몸서리치는 혜은.

(점프)

정신병원. 미동도 하지 않은 채, 휠체어에 기
우뚱 앉아 있는 노인.
이미 숨을 거둔 건영의 아버지다.

(점프)

밤새 시달린 듯, 충혈된 눈으로 취조실을 나서
는 건영.
복도를 지나는 동안 사방에서 경멸의 눈빛들
이 쏟아진다.

(점프)

부산지검 앞에 구름떼처럼 몰려와 있는 취재진과 시민들.

건영(NA)

권력을 쥔 자들에게 대중은

여전히 개돼지고,

그들과 다르게 살았던 나는 사라졌다.

나의 애국은… 과연 무엇을 위한

것이었을까.

퍽! 몰려든 시민 중 한 명이 건영의 얼굴에 돈다발을 던지자, 때맞춰 찰칵! 터지는 카메라 플래시.

56. 청와대, 경호실장실

나란히 마주 앉아 술잔을 기울이는 기태와 천석중.

기태는 전과는 달리 천석중 앞에서도 여유로운 모습이다.

기태

황 국장 살해 건도 강대일의 단독

소행으로 마무리했습니다.

천석중

백 과장 인복 있네. 부리던 놈이

똥지게까지 다 짊어진 채 죽어주고.

기태, 옅은 미소로 대답을 대신하고…

그런 기태의 표정을 찬찬히 뜯어보는 천석중.

천석중

돈 냄새만 잘 맞는 줄 알았더만,

머리도 제법 쓰네.

기태

다 실장님께서 도와주신 덕분입니다.

천석중

그… 내 꺼도 갖고 있나? 테이프.

기태

설마요. 아니, 무슨 그런 말씀을

하십니까?

다 안다는 듯, 기태를 빤히 응시하는 천석중.

천석중

백 과장, 우리 인자 진짜 한배 탄 기다.

제대로 함 해보자.

서로를 향해 날카롭게 신경을 곤두세우면서도, 미소를 띠며 잔을 부딪는 두 사람.

57. 몽타주: 남은 자들

축사. 소영의 지휘 아래, 대기하고 있던 트럭에 실리는 엄청난 양의 곡물 포대들.

겉면에 붉은 'MADE IN KOREA' 도장이 찍혀
있다.

조직원

준비 다 됐습니다.

소영

욕봤다.

임신한 듯 부른 배를 부여잡고 확인을 끝낸
소영.
트럭들이 일제히 항구를 향해 출발한다.

(점프)

이케다 저택. 테이블에 놓인 고급 자개함에
담긴 히로뽕 봉지.
마침내 조직의 보스 이케다 회장과 마주 앉은
기태.
위협적인 아우라를 내뿜는 이케다, 술잔을 한
입에 털어넣고…
유지와 시선을 주고받던 기태도 단숨에 잔을
비운다.
기태를 향해 박수치는 이케다와 유지, 그리고
야쿠자들.

(점프)

천석중의 안가.
기태가 테이블 위에 돈다발이 가득 담긴 가방
을 올려둔다.
흐뭇한 얼굴로 박수를 치며 기태에게 악수를

건네는 천석중.
그 모습을 지켜보는 표 과장의 표정이 뭔가 심
상치 않은데…

(점프)

중정 부산 지부. 복도를 걸어 국장실로 들어
오는 기태.
표 과장과 직원들의 끊이지 않는 박수 세례.
책상 위에 떡하니 놓여 있는 명패, '국장 백
기태'.
기태의 손짓 하나하나에 집중하는 중정 요
원들.

기태

나는 자랑스러운 태극기 앞에 각하와
조국의 무궁한 영광을 위하여
충성을 다할 것을 굳게 다짐합니다!

복명복창하는 중정 요원들.
책상에 앉는 기태, 잽싸게 다가와 시가에 불을
붙여 건네는 표 과장.
시가를 입에 문 기태가 카메라를 응시하면,
'MADE IN KOREA'.

317

비하인드 컷

©2026 Disney and its related entities.

©2026 Disney and its related entities.

메이드 인 코리아
Season 1 대본집

발행일 초판 1쇄 2026년 2월 13일

제작 (주)하이브미디어코프
극본 박은교 박준석
각색 우민호 김진석

펴낸이 박정민
편집 김동휘 최수민
디자인 상록
마케팅 김아영 전효선

펴낸곳 출판사 무제
출판등록 2019년 11월 1일 제2019-000294호
이메일 muzemkt@gmail.com
인스타그램 @booksmuze

ISBN 979-11-997090-0-3 03680